高等职业教育财经类“十二五”系列规划教材（财务会计专业）

U0961437

第2版

商品流通企业会计实训

赵建群　张　岐　主编

常树成　主审

電子工業出版社

Publishing House of Electronics Industry

北京 • BEIJING

内 容 简 介

本教材是基于商品流通企业会计工作过程的职业能力需要开发的《商品流通企业会计》配套教材，本教材包括商品流通企业会计实训指导和商品流通企业会计综合实训两部分内容。第一部分主要是按照任务驱动教学方法的要求，按照各项具体业务开展单项实训；第二部分是综合实训部分，即在前面分任务、分过程实训的基础上，按照会计工作过程的要求，综合完成企业会计业务整个循环的实训。本书资料是根据从企业实际业务中提取的真实原始凭证整合而来，实现了实训与实际工作过程的无缝对接。

本教材可作为高等职业学校会计、财务管理、金融、工商管理、市场营销、电子商务、国际商务等经济类专业的商品流通企业会计课程的实践教学用书；同时也适用于成人大专和远程教育经济类专业的实践教学用书；也可作为有意从事会计工作的人员的学习参考用书。

图书在版编目（CIP）数据

商品流通企业会计实训/赵建群，张岐主编. —2 版. —北京：电子工业出版社，2014. 8
高等职业教育财经类“十二五”系列规划教材. 财务会计专业

ISBN 978-7-121-23896-3

Ⅰ. ①商…　Ⅱ. ①赵… ②张…　Ⅲ. ①商业会计 - 高等职业教育 - 教材　Ⅳ. ①F715. 51

中国版本图书馆 CIP 数据核字（2014）第 169278 号

策划编辑：张云怡
责任编辑：张云怡　　特约编辑：尹杰康
印　　刷：北京虎彩文化传播有限公司
装　　订：北京虎彩文化传播有限公司
出版发行：电子工业出版社
　　　　　北京市海淀区万寿路 173 信箱　邮编 100036
开　　本：787 × 1 092　1/16　印张：16　字数：410 千字
版　　次：2009 年 6 月第 1 版
　　　　　2014 年 8 月第 2 版
印　　次：2020 年 8 月第 7 次印刷
定　　价：35. 70 元

凡所购买电子工业出版社图书有缺损问题，请向购买书店调换。若书店售缺，请与本社发行部联系，联系及邮购电话：（010）88254888，88258888。

质量投诉请发邮件至 zlts@ phei. com. cn，盗版侵权举报请发邮件至 dbqq@ phei. com. cn。

本书咨询联系方式：（010）88254573，zyy@ phei. com. cn。

第2版

前　　言

本书自2009年8月初版以来，得到了高职院校同行的普遍认可，同时也对本教材提出了许多中肯的建议和期待，因此，编者对全书进行了修订。

本次修订在保持原有体例及特色的基础上，重点在以下几方面进行修订：

第一，根据当前国家的税收政策变化及汇率变化更新了相关实训的数据。

第二，根据教师在使用过程中的建议删除了部分非典型业务，在精简业务的同时，突出了主体业务的训练。

第三，将部分业务指引还原到教材之中，避免与教材的重复。

本教材的修订由赵建群和张岐主持。第一篇由张岐修订；第二篇由赵建群修订。同时，李文欢、张立国、宋林蔭、张萍、鲍明彦也参加了本教材的修订工作。

在本教材的修订过程中，仍然得到了相关企业、会计师事务所同行的大力支持，更得到了院系领导和电子工业出版社领导及编辑的大力支持，尤其得到了广州市中油碧辟石油公司财务总监常树成的具体指导和帮助，同时常树成还亲自担任了本书的主审。

由于时间仓促，书中难免存在不足之处，恳请广大读者批评指正。

获取本书相关教学资源，请登录华信教育资源网（www.hxedu.com.cn）免费下载。您在使用过程中遇到任何疑问或对本书有建议，请联系zyy@phei.com.cn。

最后，感谢您对本教材一如既往的支持，也希望本书能在您成为一名优秀会计从业人员的道路上为您带去一丝帮助！

编　者

2014年3月

第1版

前　　言

作为我国行业会计中主要分支的商品流通企业会计，由于核算对象的特殊性，在核算的内容、核算方法等方面均与其他行业会计有着较大的差别。另外，即使同是商品流通企业，由于经营方式和商品不同，其核算方法也有较大的差异。因此，根据商品流通企业不同的经营方式及经营对象，有针对性的开展区别于其他行业会计的实训教学就显得尤为必要。

编者集十几年《商品流通企业会计》教学和业务实践的经验，结合当前高等职业教育的最新研究成果，根据2006年2月15日财政部新颁布的《企业会计准则》和2006年10月30日颁布的《企业会计准则应用指南》，紧扣商品流通企业的会计实务，开发了本实训教材。

本教材包括“商品流通企业会计实训指导”、“商品流通企业会计实训规范”和“商品流通企业会计综合实训”三部分。第一部分集中了作者近年来在商品流通企业会计教学改革与实践的成果，以商品流通企业的经营方式和经营对象为载体，对不同经营方式和经营对象下所需的业务内容和技能点进行系统分析，将融于教材之中的单项技能以工作过程为载体进行了系统的整合，使学生的实训与实际工作所需要的职业能力紧密结合。第二部分包括两个环节：第一，详细列示了商品流通企业不同经营方式下会计循环中各项工作的操作流程、所涉及的主要账证及范例；第二，按照任务驱动教学法的要求，明确了各项实训任务、目标和该循环的实操训练。第三部分是综合实操训练部分，即在前面分任务训练的基础上，以中等规模商品流通企业为模型，形成了燕华商贸有限公司12月份一个月的各种经营方式及经营对象下的综合会计事项，内容涵盖了各种主要经济业务，涉及了四种核算方法，体现了全面、系统、实用的特点，并设计了先分岗、再轮岗的设岗综合实训。按照会计业务循环的要求，综合完成企业会计业务整个循环的实操训练。本部分的资料是根据从企业实际业务中提取的真实原始凭证整合而来，基本上实现了训练与实践的对接。本教材由校企合作共同开发，在开发过程中，得到了广州新大新股份有限分司财务总监辛秋玉女士的大力支持，并亲自担任本教材的主审。

本书由赵建群、张岐主编，具体分工如下：第一篇、第二篇由张岐编写；第三篇由赵建群编写。本书在编写过程中，得到了广州市的相关企业、银行和税务等同行的帮助，更得到了院系领导和电子工业出版社领导及编辑的大力支持，在此一并表示感谢。

作为一种新的教学改革探索，由于编者水平有限，书中难免存在缺点和疏漏之处，恳请专家和使用该教材的教师不吝赐教。

为方便教师教学，本书配有电子教案，使用该书的教师可通过登录华信教育资源网（www. hxedu. com. cn）免费下载。

编　　者

2009年4月

目　　录

第一篇　商品流通企业会计实训指导 ………… (1)
一、加强商品流通企业会计实践教学的意义 ………… (1)
二、商品流通企业会计的实训目的及整体要求 ………… (2)
三、商品流通企业会计的实训内容 ………… (3)
四、商品流通企业会计实训的组织 ………… (6)
五、商品流通企业会计实训的评价 ………… (7)
第二篇　商品流通企业会计实训规范 ………… (9)
任务一　批发商品购进的业务核算 ………… (9)
一、商品购进涉及的主要原始凭证 ………… (9)
二、商品购进的明细分类核算范例 ………… (11)
三、实训 ………… (11)
任务二　批发商品销售的业务核算 ………… (30)
一、实训目的 ………… (30)
二、实训资料 ………… (30)
三、实训要求 ………… (42)
任务三　批发商品储存的业务核算 ………… (42)
一、库存商品核算的账簿设置及核对 ………… (42)
二、库存商品明细账的登记 ………… (43)
三、库存商品的盘点及处理 ………… (44)
四、库存商品的期末计价 ………… (44)
五、商品销售成本的计算结转 ………… (44)
六、商品销售成本计算方法的选择 ………… (46)
七、实训 ………… (47)
任务四　零售商品购进的业务核算 ………… (49)
一、实训目的 ………… (49)
二、实训资料 ………… (49)
三、实训要求 ………… (60)
任务五　零售商品销售的业务核算 ………… (60)
一、实训目的 ………… (60)
二、实训资料 ………… (60)
三、实训要求 ………… (62)

任务六　零售商品储存的业务核算 …………………………………………………… (63)
一、库存商品和商品进销差价明细账的设置与登记 ………………………………… (63)
二、库存商品的盘点及处理 ………………………………………………………… (64)
三、库存商品的调价 ………………………………………………………………… (65)
四、库存商品的内部调拨 …………………………………………………………… (65)
五、库存商品的削价 ………………………………………………………………… (65)
六、库存商品的期末计价 …………………………………………………………… (66)
七、商品销售成本的计算结转 ……………………………………………………… (66)
八、实训 ……………………………………………………………………………… (66)
第三篇　商品流通企业会计综合实训 ……………………………………………… (70)
一、实训目标 ………………………………………………………………………… (70)
二、实训要求 ………………………………………………………………………… (70)
三、实训组织 ………………………………………………………………………… (70)
四、实训评价 ………………………………………………………………………… (70)
五、实训准备 ………………………………………………………………………… (71)
六、实训资料 ………………………………………………………………………… (71)
附录 A　商品流通企业会计实训报告 ……………………………………………… (237)
附录 B　综合实训参考答案 ………………………………………………………… (241)

第一篇

商品流通企业会计实训指导

一、加强商品流通企业会计实践教学的意义

商品流通企业的范围很广，包括各种经济性质和组织形式的商业、粮食、物资供销、供销合作社、对外贸易、医药、石油、烟草和图书发行等企业。其主要经济活动就是组织各类商品从生产领域转移到消费领域，实现商品的价值，并获取赢利的经济活动。

作为我国行业会计中主要分支的商品流通企业会计，由于核算对象的特殊性，在核算的内容、核算方法等方面均与其他行业会计有着较大的差别。同时，即使同是商品流通企业，由于经营方式和商品不同，其核算方法也有较大的差异。因此，根据商品流通企业不同的经营方式及经营对象的特殊性，有针对性地开展区别于其他行业会计的实训教学就显得尤为必要。

（一）当前高等职业院校在商品流通企业会计实践教学方面存在的误区

1. 观念上的误区。“商品流通企业会计”作为会计专业的核心课程之一，一般均在“财务会计”课程之后开设，当前该课程建设上存在的问题主要表现在过分追求学科体系的完整性，使相当部分已在“财务会计”中学过的内容或已经掌握的技能仍纳入到该课程的教学体系之中，同时当前企业大量新兴的业务又没有纳入教学，既造成资源的浪费，又与商品流通企业会计工作的实践要求相脱节。

2. 操作上的误区。由于在教学中过分依赖教材按照章节划分规律组织教学，没有从商品流通企业会计工作的业务流程和规律来对教学内容进行基于工作过程的整合，使学生只是学会了一系列点、线式的知识点和能力点，无法建立起系统的会计工作业务流程观。最终，由于没有综合的业务实训做支撑，学生无法系统掌握会计业务整个流程的岗位能力。实训教学所采取的方式仍是平时会计习题的翻版，并没有根据商品流通企业会计工作所需的岗位能力需要进行系统的实训内容、方式及手段的设计，缺乏与该行业会计实践岗位能力要求的系统衔接，使学生对商品流通企业会计核算的关键能力缺乏系统的把握，严重地影响了该课程的教学效果。

（二）加强商品流通企业会计实践教学的意义

1. 有利于提升高职学生的职业能力。根据教育部 16 号文件中提出的“高等职业教育要针对高等职业院校学生的特点，培养学生的社会适应性，教育学生树立终身学习理念，提高

学习能力，学会交流沟通和团队协作，提高学生的实践能力、创造能力、就业能力和创业能力，培养高素质技能型专门人才”的精神，“商品流通企业会计”作为会计专业的核心课程之一，是该专业学生职业能力体系的重要组成部分，通过基于工作过程的实践教学，对于构建学生的会计专业能力体系具有重要的作用。

2. 是实现融“教、学、做”于一体教学模式改革的重要手段。由于商品流通企业核算内容及核算方式的复杂性，单纯依靠理论教学是无法使学生掌握该行业会计的核算技能的，因此，通过源于企业真实核算业务资料整合而成的实训平台，将“教、学、做”融为一体，是该课程教学改革的重要手段。

3. 是拓宽学生就业渠道的重要保障。综观当前的就业市场，商品流通企业所需人才，在本专业学生的就业中占有较大的比例，因此，通过科学的实训体系，提高学生在商品流通企业会计岗位上的适应能力，为本专业学生毕业前的顶岗实习和就业奠定了扎实的基础，更为学生的就业拓展了空间。

二、商品流通企业会计的实训目的及整体要求

（一）实训的目的

1. 整合课堂上所学的该行业会计核算的知识和技能，强化商品流通企业会计核算与其他行业会计的差异，通过边实践、边学习、边思考、边总结的过程，熟练地根据商品流通企业的经营方式、经营范围选择恰当的核算方法。

2. 在全面巩固不同商品流通企业的经营方式、经营范围下的会计核算单项技能基础上，进一步掌握综合性商品流通企业会计核算诸方法的综合运用，进一步提升该行业会计核算的综合职业能力。

3. 通过基于工作过程的实训教学，使学生全面掌握商品流通企业会计核算方法，为学生的顶岗实习和就业奠定基础。

（二）实训的整体要求

为提高该课程实训教学的效果，达到实训教学的目的，在实训教学的组织过程中，必须遵循以下要求。

1. 正确处理实训与理论教学的关系。做到理论教学要保证培养目标、知识结构的需要，实践教学要满足专业技能的实际需求，使理论教学和实践教学成为两条并重共进的主线，在整个教学过程中，两者互相联系、紧密配合、相互交叉、彼此渗透。

2. 正确处理单项实训与综合实训的关系。单项实训应以使学生掌握各单项核算技能与规范为目标，综合实训应以培养学生独立处理全盘业务的能力为目标。单项实训是综合实训的基础，综合实训是在单项实训基础上的深化。

3. 科学组织、合理规划各阶段的目标与任务。无论是单项实训还是综合实训，在具体的实施中，教师都应合理规划每项实训具体实施的要求、目标和要点，在单项实训阶段，应做好实训后的讲评工作，目的是使学生掌握和理解商品流通企业会计核算的基本技能和规范，在综合实训阶段，应以培养学生在单项实训的基础上对企业全盘业务的综合处理能力为目标。

4. 在业务处理的规范性上，应以《会计基础工作规范》为标准。无论单项实训还是综合实训，其基本操作均应以《会计基础工作规范》为标准，以培养学生良好的职业素养为目标。

5. 按照基于工作过程的要求组织实训。无论是单项实训还是综合实训，均应按照商品流通企业会计核算的真实程序、方法和所使用的凭证、账簿、报表来开展实训，以实现“工学结合”的目的。

6. 构建科学的评价体系。对于各项实训的评价，应鼓励学生互评与教师评价相结合。同时，应以企业的实际工作要求和《会计基础工作规范》为标准构建实训教学的评价体系，以培养学生良好的职业素养为目标。

三、商品流通企业会计的实训内容

（一）基于会计工作过程的能力点进行训练分析

要想掌握商品流通企业会计核算的要点，必须把握它与其他行业会计的差别，同时进一步了解会计核算的内容。

1. 商品流通企业的业务流程分析。商品流通企业经营活动与其他行业有着明显的不同，在商品流通企业的经济活动中，购进和销售活动是企业的基本和关键性活动。商品的调入、调出、运输和储存等经济活动都是围绕购销活动展开的，并受购销活动的支配和影响。一般而言，商品流通企业的经济活动过程主要包括购进和销售两个阶段，一般没有生产过程。若将商品流通企业的经济活动与制造业的经济活动相比较，其经济活动表现出以下三个特征：一是企业经济活动的中心内容是频繁发生的商品购进和销售；二是商品存货在企业全部资产中占有较大的比重，并构成企业资产核算与管理的重点；三是企业营运资金的运动轨迹为“货币—商品—货币”，即表现为货币与商品之间的相互转换。

2. 商品流通核算方法选择。按照完成商品流通过程中的作用划分，商品流通业务可以分为相互关联的批发商品流通和零售商品流通两个环节；按照商品流通的组织方式不同可分为自营商品流通和联合经营商品流通；按照经营商品的种类不同可分为专业性商品流通和综合类商品流通。

通过以上分析可知：如果以商品流通企业会计核算的业务流程为载体进行分析，商品流通企业会计的核算无外乎商品购进核算、商品销售核算和商品储存核算三个环节；如果以商品流通企业经营的对象为载体，商品流通企业会计的核算重点关键就在于对商品储存核算的方法不同。通过学习财务会计的相关知识，学生已经基本掌握一般业务核算的方法，其关键点就在于根据不同的经营方式和经营对象选择恰当的商品储存核算方法。

综合商品流通企业的业务流程、经营对象，以及商品流通核算方法、要点，总结出基于工作过程的商品流通核算方法选择要点如表 1. 1 所示。

表1.1 基于工作过程的商品流通核算方法选择要点

项　目	售价金额核算法	数量售价金额核算法	数量进价金额核算法	进价金额核算法
定义	（售价记账，实物负责制）库存商品总账和明细账都只反映商品的售价金额，不反映实物数量的一种核算方法	库存商品总账和明细账除反映商品售价金额外，明细账还同时反映商品实物数量的一种核算方法	库存商品总账和明细账除反映商品的进价金额外，明细账还同时反映商品实物数量的一种核算方法	（进价记账，盘存计销）库存商品总账和明细账只反映商品的进价金额，不反映实物数量的一种核算方法
优点	控制商品的售价，不必逐笔登记数量明细账，简化了核算手续	便于加强对库存商品的管理与控制，尤其对销货款的管理极为严密，是一种比较完善的核算方法	便于加强库存商品的管理和控制	核算手续简便，工作量小
缺点	不便于数量控制	在商品购进时既要核算进价，又要计算售价和进销差价，在商品销售时，必须逐笔填制销售凭证，核算工作量大	每笔购销业务都要填制会计凭证，并按每种商品逐笔登记明细账，核算工作量大	平时不能对商品进、销、存的数量进行控制，由于采用盘存计销的办法，将商品销售成本、商品损耗和差错造成的短缺混在一起，不易发现企业经营管理中存在的问题
适用范围	零售企业的商品核算	用于具备前店后仓、批零结合的批发企业和经营贵重商品的零售企业	批发企业、农副产品收购企业、贸易中心等	售价变化比较频繁、实物数量不易控制的经营鲜活商品的零售企业
财会部门账簿设置	库存商品总账按售价金额记账；明细账按实物负责人或营业柜组分户，按售价金额记账，并设置“商品进销差价”账户	库存商品总账按售价金额记账；类目账按数量和售价金额记账；明细账按商品品名、规格、等级分户，按售价金额和数量记账，并设置“商品进销差价”账户	库存商品总账、类目账按进价金额记账；明细账按品名、规格分户，按数量和进价金额记账	库存商品总账、明细账按进价金额记账；明细账按实物负责人分户，按进价金额记账
成本结转	随时结转已销商品的售价成本，月末将已销商品的售价成本调整为进价成本	随时结转已销商品的售价成本，月末将已销商品的售价成本调整为进价成本	随时或定期计算并结转已销商品的进价成本	依最后一次进货单价确定结存金额，倒轧已销商品的进价成本，采用倒挤法；本期已销商品成本＝期初结存商品金额＋本期购进商品金额－期末结存商品金额
财产盘存制度	实地盘存制，辅以永续盘存制核对	永续盘存制，辅以实地盘存制核对	永续盘存制，辅以实地盘存制核对	实地盘存制

（二）商品流通企业会计的实训内容

为了使学生能够独立完成商品流通企业会计的全部工作，应采取阶段实训与综合实训相结合的原则，即在理论教学过程中，通过对知识点与能力点的分析，根据学生在学习中应掌握的能力要点，按照任务驱动教学法，将各能力点整合成单项实训指导，明确各单项任务的规范及范例，并通过具体的实训加以强化，使学生具备处理会计工作各环节业务的能力。在单项实训中，通过虚拟小型商品流通企业的一个会计期间的实际会计工作任务，采用真实的账证资料，以会计工作的业务循环为载体，指导学生完成从建账到日常处理、期末处理、编制会计报表等一个完整会计循环的全部商品流通核算工作，让学生全面掌握实际的商品流通企业会计工作的核算内容、步骤和操作方法，从而具备商品流通企业会计工作各岗位所必需的会计核算能力，同时培养其细致、准确、有条不紊的专业素质和心理素质；让学生掌握各项具体的会计工作如何通过不同的会计岗位协同完成，从而搭建起会计工作的整体框架，培养学生的全盘账务处理能力和各岗位的基本职业判断能力。

商品流通企业会计实训的内容及要求如表 1.2 所示。

表 1.2　商品流通企业会计实训的内容及要求

<table>
<tr><th colspan="2">实训任务</th><th>实训内容</th><th>实训要求</th></tr>
<tr><td rowspan="6">单项实训</td><td>任务一</td><td>批发商品购进的业务核算</td><td>1. 批发商品购进的一般业务程序及核算
2. 会计凭证的填制、审核与传递
3. 批发商品购进明细分类核算方法的选择与应用</td></tr>
<tr><td>任务二</td><td>批发商品销售的业务核算</td><td>1. 批发商品销售的一般业务程序及核算
2. 不同商品交接方式及结算方式下的具体核算
3. 会计凭证的填制、审核与传递</td></tr>
<tr><td>任务三</td><td>批发商品储存的业务核算</td><td>1. 库存商品核算的账簿设置及核对
2. 库存商品明细账的登记
3. 库存商品的盘点及处理
4. 库存商品的期末计价
5. 商品销售成本的计算与结转
6. 商品销售成本计算方法的选择</td></tr>
<tr><td>任务四</td><td>零售商品购进的业务核算</td><td>1. 零售商品购进的一般业务程序及核算
2. 会计凭证的填制、审核与传递
3. 零售商品购进明细分类核算方法的选择与应用</td></tr>
<tr><td>任务五</td><td>零售商品销售的业务核算</td><td>1. 零售商品销售的收款方式选择
2. 零售商品岗位凭证传递程序选择
3. 商品进、销、存日报表及内部缴款单的填报
4. 银行进账单及现金送款单的填制
5. 含税收入的转化</td></tr>
<tr><td>任务六</td><td>零售商品储存的业务核算</td><td>1. 库存商品和商品进销差价明细账的设置与登记
2. 库存商品的盘点及处理
3. 库存商品的调价及处理
4. 库存商品的内部调拨及处理
5. 库存商品的削价及处理
6. 库存商品的期末计价及处理
7. 商品销售成本的计算结转</td></tr>
</table>

续表

实训任务	实训内容	实训要求
综合实训	商品流通企业综合会计业务处理	期初业务： 1. 初步掌握目标企业的经营方式、经营范围、会计核算流程、会计岗位设置及职责等概况 2. 熟练掌握企业各会计账户所采用的账簿形式、账页格式 3. 掌握建账的内容、方法和相关操作技能，能够根据企业资料独立完成建账工作 4. 熟练掌握目标企业批发商品流通和零售经营商品流通、自营商品流通和连锁经营商品流通的核算要点，能够根据不同的经营方式和经营对象选择恰当的商品流通核算方法 日常业务： 1. 确认各种商品流转业务并填制记账凭证 2. 登记日记账及相关明细账 3. 编制试算平衡表、科目汇总表并登记总账 期末业务： 1. 各种账项调整 2. 各种成本的计算 3. 损益的结转 4. 利润的计算 5. 对账 6. 结账 7. 编制资产负债表和利润表

四、商品流通企业会计实训的组织

商品流通企业会计实训采用手工会计实训模式，在具体组织实施时，对于单项实训和综合实训应采取不同的方式予以组织、实施。

（一）单项实训

建议采用分散组织形式，与本课程的理论教学内容进度同步交叉进行，充分运用课后时间来完成各单项实训。

（二）综合实训

对于综合实训，可以根据教学安排，适当选取以下方式组织实施。

1. “集中实训”方式。即安排在《商品流通企业会计》全部章节教学结束后，按记账凭证或科目汇总表核算形式，集中完成本实训资料的全部内容。

2. “设岗实训”方式。即安排在全部教学结束后，让学生每4人一组，组成一个实训小组，内设4个岗位，分别为会计主管、出纳员、制单员、记账员。岗位与其工作任务的关系及岗位职责如表1.3所示。

表 1.3 商品流通企业会计设岗实训职责分工表

岗　位	岗位职责
会计主管	授权批准、稽核检查
出纳员	办理货币资金收付手续及日记账的登记
制单员	记账凭证的填制
记账员	记账、会计业务经办

(1) 会计主管：负责审核各类账证，编制科目汇总表并据以登记总账，编制财务报表，进行财务分析。

(2) 出纳员：负责办理收付款业务，填制各种收、付款的票据和结算凭证，编制收、付记账凭证，登记现金和银行存款日记账并定期进行银行对账工作。

(3) 制单员：负责审核原始凭证，编制转账记账凭证和有关的原始凭证。

(4) 记账员：负责审核各种记账凭证，登记有关的明细账。

设岗实训过程中，先分岗、再轮岗，在实训时间允许的情况下，最好经过 4 次轮换，使每名学生都将全部实训内容亲自操作一遍。

五、商品流通企业会计实训的评价

对于单项实训，由于是以培养学生掌握商品流通企业会计核算的单项技能为目的的，所以，其评价应纳入平时作业的范畴进行考核，其评价标准应按照《会计基础工作规范》及《企业会计准则》的要求进行。

对于综合实训的评价，应采取区别于理论知识的考核方式和单独的评价体系进行，其评价内容可包括正确性、规范性、实训态度和实训总结四个方面。对于正确性和规范性应以《会计基础工作规范》及《企业会计准则》为标准；实训态度应侧重于对实训过程的考核，对于过程考核不合格的，应采取一票否决制；实训总结的考核，采取实训报告的方式进行，侧重了解学生对实训会计工作的认识、理解和今后学习的规划。具体评价标准参照表 1.4。

表 1.4 商品流通企业会计综合实训评价标准

评价项目	评价项目详细划分	分　数	总分等级
正确性	原始凭证的填制	5	优：90 分以上 良：75 ~ 89 分 中：65 ~ 74 分 及格：60 ~ 64 分 不及格：60 分以下
	记账凭证的填制	10	
	建账	3	
	日记账的登记	3	
	明细账的登记	8	
	银行存款余额表（科目汇总表的编制）	3	
	总账的登记	5	
	结账	3	
	会计报表的编制	5	
	小计	45	

续表

<table>
<tr><th>评价项目</th><th>评价项目详细划分</th><th>分数</th><th>总分等级</th></tr>
<tr><td rowspan="5">规范性</td><td>文字、数字书写规范</td><td>10</td><td rowspan="13">优：90分以上
良：75～89分
中：65～74分
及格：60～64分
不及格：60分以下</td></tr>
<tr><td>字迹清晰</td><td>5</td></tr>
<tr><td>装订整齐</td><td>5</td></tr>
<tr><td>会计资料整洁、美观</td><td>5</td></tr>
<tr><td>小计</td><td>25</td></tr>
<tr><td rowspan="4">实训态度</td><td>按要求及时完成</td><td>3</td></tr>
<tr><td>操作细致、耐心</td><td>3</td></tr>
<tr><td>独立完成，不抄袭</td><td>4</td></tr>
<tr><td>小计</td><td>10</td></tr>
<tr><td rowspan="3">实训报告</td><td>内容完整准确，体会深刻、具体</td><td>10</td></tr>
<tr><td>文字流畅，层次分明</td><td>10</td></tr>
<tr><td>小计</td><td>20</td></tr>
<tr><td colspan="2">合计</td><td>100</td></tr>
</table>

第二篇

商品流通企业会计实训规范

任务一　批发商品购进的业务核算

一、商品购进涉及的主要原始凭证

1. 收货单（或进仓单、商品验收单等），基本联次三联：存根联、结算联、入库联或收货联。

收　货　单

编号：01005

供货单位：湖南服装厂　　2014 年 2 月 1 日　　收货单位：批发部

货号	品名	规格	单位	应收数量	实收数量	单价	金额
（略）	男西装		套	100		290.00	29,000.00
	女时装		套	100		205.00	20,500.00
合计							¥49,500.00
商品类别：服装类							

结算联

收货人：刘　刚

收　货　单

编号：01005

供货单位：湖南服装厂　　2014 年 2 月 1 日　　存放地点：批发部仓库

货号	品名	规格	单位	应收数量	实收数量	单价	金额
（略）	男西装		套	100	100	290.00	29,000.00
	女时装		套	100	100	205.00	20,500.00
合计							¥49,500.00
商品类别：服装类							

入库联

收货人：刘　刚

2. 增值税专用发票，基本联次三联：记账联、抵扣联、发票联。财会部门以发票联入账，抵扣联单独保管以备税务机关检查。

广东增值税专用发票　　No 00450379

抵　扣　联　　开票日期：2014年2月7日

购货单位	名　　称：燕华商贸有限公司 纳税人识别号：4400018631465 地 址、电 话：广州市中山三路154号 83487965 开户行及账号：工商银行越秀支行010-0134-10012335766				密码区	（略）	
货物或应税劳务名称	规格型号	单位	数量	单价	金　额	税率	税　额
散装糖果	（略）	千克	1525	4.20	6405.00	17%	1088.85
合　　计					￥6405.00		￥1088.85
价税合计（大写）	柒仟肆佰玖拾叁元捌角伍分				（小写）￥7493.85		
销货单位	名　　称：东莞福田糖果厂 纳税人识别号：44000514034518 地 址、电 话：81276573 开户行及账号：工商银行021-6539278				备注		

收款人：李文广　　复核：张华月　　开票人：陈梅娟　　销货单位：（东莞福田糖果厂 发票专用章）

第二联：抵扣联 购货方扣税凭证

广东增值税专用发票　　No 00450379

发　票　联　　开票日期：2014年2月7日

购货单位	名　　称：燕华商贸有限公司 纳税人识别号：4400018631465 地 址、电 话：广州市中山三路154号 83487965 开户行及账号：工商银行越秀支行010-0134-10012335766				密码区	（略）	
货物或应税劳务名称	规格型号	单位	数量	单价	金　额	税率	税　额
散装糖果	（略）	千克	1525	4.20	6405.00	17%	1088.85
合　　计					￥6405.00		￥1088.85
价税合计（大写）	柒仟肆佰玖拾叁元捌角伍分				（小写）￥7493.85		
销货单位	名　　称：东莞福田糖果厂 纳税人识别号：44000514034518 地 址、电 话：81276573 开户行及账号：工商银行021-6539278				备注		

收款人：李文广　　复核：张华月　　开票人：陈梅娟　　销货单位：（东莞福田糖果厂 发票专用章）

第三联：发票联 购货方记账凭证

实务中，批发商品购进业务由业务部门与供货单位签订购销合同，合同一式三份，供货单位、业务部门和财会部门各留一份。业务部门根据供货单位开来的增值税专用发票，与合同核对相符后，即填制收货单，将增值税专用发票抵扣联、发票联和收货单结算联送交财会部门，财会部门审核无误后，作为付款的依据。购进的商品验收入库后，由批发部仓库将收货单入库联交财会部门，财会部门据此增加库存商品。

二、商品购进的明细分类核算范例

（一）平行登记法

在途物资明细分类账

进货批次	供货单位	借方					贷方					转销符号
		2014年		凭证号数	摘要	金额	2014年		凭证号数	摘要	金额	
		月	日				月	日				
1	西宁服装公司	1	23	2	承付货款 收货单#101 #102	65 000	1	22	1	商品入库 收货单#112	25 000	√
								25	4	商品入库 收货单#113	40 000	
2	北京服装厂	1	27	5	支付货款 收货单#118	32 000	1	24	3	商品入库 收货单#114	32 000	√
3	中山服装公司	1	28	6	承付货款 收货单#121	43 000						
4	杭州服装厂	1	30	7	承付货款 收货单#136	58 000						
5	东莞服装厂						1	31	8	商品入库 收货单#1143	27 000	

（二）抽单核对法

在途物资明细账采用以单代账方法（一般以收货单代），收货单结算联的加总金额表示付款，即在途物资账户借方金额；入库联的加总金额表示收货，即在途物资账户贷方金额。

（三）两种记账方法的对比

平行登记法和抽单核对法的优缺点对比如表 2.1 所示。

表2.1 两种记账方法优缺点对比

核算方法	记账方式	优点	缺点
平行登记法	用两栏式账页记载	能清楚地反映每批购进商品结算和验收入库的情况；便于加强对在途商品的管理；督促在途商品的及时到达；发生差错后，便于查找	核算工作量大，发生悬账，往往拖延日久，账页长期不能结清
抽单核对法	以收货单代替账簿	能简化核算手续，节省人力、物力，提高核算的工作效率	以单代账，对在途商品的管理不够严密；发生差错时，查找比较困难

三、实训

（一）实训目的

通过实训，明确批发企业商品购进的一般业务程序及一般核算，掌握主要原始凭证的填制、传递及在途物资明细账的登记方法。

（二）实训资料

综合性商品流通企业燕华商贸有限公司为增值税一般纳税人；财务部人员及分工，各科目明细账的设置见第三篇综合实训部分；增值税税率：17%；纳税人识别号：4400018631465；开户银行：工商银行越秀支行；账号：010－0134－10012335766；单位地址：广州市中山三路154号；单位联系电话：83487965；公司法人：张燕华。

该公司3月份食品批发部发生的有关经济业务如下：

1.1/5

广东增值税专用发票　　No 00450378

抵扣联　　开票日期：2014年3月3日

购货单位	名　　称：燕华商贸有限公司 纳税人识别号：4400018631465 地 址、电 话：广州市中山三路154号 83487965 开户行及账号：工商银行越秀支行010-0134-10012335766	密码区	（略）

货物或应税劳务名称	规格型号	单位	数量	单价	金额	税率	税额
夹心饼干	（略）	盒	1000	11.80	11800.00	17%	2006.00
曲奇饼干		盒	800	9.60	7680.00	17%	1305.60
合　计					¥19480.00		¥3311.60
价税合计（大写）	贰万贰仟柒佰玖拾壹元陆角整				（小写）¥22791.60		

销货单位	名　　称：徐记饼干厂 纳税人识别号：44000514034518 地 址、电 话：81276573 开户行及账号：工商银行021-564-32335672366	备注	徐记饼干厂 发票专用章

收款人：李文奇　　复核：张华　　开票人：陈小娟　　销货单位（章）

第二联：抵扣联 购货方扣税凭证

1.2/5

广东增值税专用发票　　No 00450378

发票联　　开票日期：2014年3月3日

购货单位	名　　称：燕华商贸有限公司 纳税人识别号：4400018631465 地 址、电 话：广州市中山三路154号 83487965 开户行及账号：工商银行越秀支行010-0134-10012335766	密码区	（略）

货物或应税劳务名称	规格型号	单位	数量	单价	金额	税率	税额
夹心饼干	（略）	盒	1000	11.80	11800.00	17%	2006.00
曲奇饼干		盒	800	9.60	7680.00	17%	1305.60
合　计					¥19480.00		¥3311.60
价税合计（大写）	贰万贰仟柒佰玖拾壹元陆角整				（小写）¥22791.60		

销货单位	名　　称：徐记饼干厂 纳税人识别号：44000514034518 地 址、电 话：81276573 开户行及账号：工商银行021-564-32335672366	备注	徐记饼干厂 发票专用章

收款人：李文奇　　复核：张华　　开票人：陈小娟　　销货单位（章）

第三联：发票联 购货方记账凭证

1.3/5

收　货　单

编号：01101

供货单位：徐记饼干厂　　2014年3月3日　　收货部门：批发部仓库

货号	品名	规格	单位	应收数量	实收数量	单价	金额
（略）	夹心饼干		盒	1000		11.80	11,800.00
	曲奇饼干		盒	800		9.60	7,680.00
合计							¥19,480.00
商品类别：食品类							

结算联

收货人：刘刚

1.4/5

收 货 单

编号：01101

供货单位：徐记饼干厂　　　2014 年 3 月 3 日　　　收货部门：批发部仓库

货 号	品 名	规 格	单 位	应收数量	实收数量	单 价	金 额
（略）	夹心饼干		盒	1000	1000	11.80	11，800.00
	曲奇饼干		盒	800	800	9.60	7，680.00
合 计							¥19，480.00
商品类别：食品类							

入库联

收货人：刘刚

1.5/5

中国工商银行
支 票 存 根
XVI0013698019
附加信息
出票日期　　年　月　日
收款人：
金　额：
用　途：
单位主管　　会计

中国工商银行支票（粤）　XVI0013698019

出票日期(大写)　　年　　月　　日　付款行名称：
收款人：　　　　　　　　　　　出票人账号：

本支票付款期限十天

人民币（大写）	亿	千	百	十	万	千	百	十	元	角	分

用途________
上列款项请从
我账户内支付
出票人签章　　　　复核　　　　记账

2.1/5

广东增值税专用发票

No 00451258

抵 扣 联（全国统一发票监制章 国家税务总局监制）

开 票 日 期：2014 年 3 月 3 日

购货单位	名　　称：燕华商贸有限公司 纳税人识别号：4400018631465 地 址、电 话：广州市中山三路154号 83487965 开户行及账号：工商银行越秀支行010-0134-10012335766	密码区	（略）

货物或应税劳务名称	规格型号	单位	数量	单价	金 额	税率	税 额
夹心饼干	（略）	盒	850	12.60	10710.00	17%	1820.70
合　计					¥10710.00		¥1820.70
价税合计（大写）	壹万贰仟伍佰叁拾元零柒角整				（小写）¥12530.70		

销货单位	名　　称：东莞大华食品厂 纳税人识别号：44000514034695 地 址、电 话：82276575 开户行及账号：工商银行 618954678052463	备注	（东莞大华食品厂 发票专用章）

收款人：李浩　　复核：张月　　开票人：陈小丽　　销货单位：

第二联：抵扣联 购货方扣税凭证

2.2/5

广东增值税专用发票　　No 00451258

发票联

开票日期：2014年3月3日

购货单位	名　　称：燕华商贸有限公司 纳税人识别号：440001863l465 地址、电话：广州市中山三路154号 83487965 开户行及账号：工商银行越秀支行010-0134-10012335766				密码区	（略）	
货物或应税劳务名称	规格型号	单位	数量	单价	金额	税率	税额
夹心饼干	（略）	盒	850	12.60	10710.00	17%	1820.70
合　计					¥10710.00		¥1820.70
价税合计（大写）	壹万贰仟伍佰叁拾元零柒角整					（小写）¥12530.70	
销货单位	名　　称：东莞大华食品厂 纳税人识别号：44000514034695 地址、电话：82276575 开户行及账号：工商银行 618954678052463				备注		

收款人：李浩　　复核：张月　　开票人：陈小丽　　销货单位：（章）

第三联：发票联 购货方记账凭证

2.3/5

委电　　**委托收款凭证（付款通知）5**　　委托号码：第C0303号

委托日期：2014年3月3日　　付款日期：2014年3月3日

收款人	全称	东莞大华食品厂	付款人	全称	燕华商贸有限公司	
	账号或地址	618954678052463		账号或地址	010013410012335766	
	开户银行	工行　行号 019		开户银行	工商银行越秀支行	
委收金额	人民币（大写）	壹万贰仟伍佰叁拾元柒角整			¥1253070（千百十万千百十元角分）	
款项内容	货款	委托收款凭证名称		寄单证张数	2张	
备注：			付款人注意： 应于见票当日通知开户行划款。 如需拒付，应在规定的期限内，将拒付理由书并附债务证明退交开户银行。			

单位主管　　会计　　复核　　记账　　付款人开户行收到日期 2014年3月3日

此联付款人开户行给付款人按期付款的通知

2.4/5

托收承付 委收收款　**结算部分拒付款理由书（回单或支款通知）1**

委托日期：2014年3月3日

付款人	全称	燕华商贸有限公司	收款人	全称	东莞大华食品厂	
	账号或地址	010013410012335766		账号或地址	618954678052463	
	开户银行	工行越秀支行　行号 019		开户银行	工行　行号 019	
托收金额	¥12,530.70	拒付金额	12,530.70	部分付款金额	千百十万千百十元角分	
附寄单证	2张	部分付款金额(大写)				
拒付理由：质量不符 付款人　盖章						

此联银行给付款人的回单或交款通知

2.5/5

代管商品收货单

2014 年 3 月 3 日

来货单位：东莞大华食品厂　　　　编号：00016

商品品名	单位	数量	代管原因
夹心饼干	盒	850	退货

3.1/4

广东增值税专用发票

No 00451278

全国统一发票监制章 国家税务总局监制

抵 扣 联　　　开票日期：2014 年 3 月 7 日

购货单位	名称：燕华商贸有限公司 纳税人识别号：4400018631465 地址、电话：广州市中山三路154号 83487965 开户行及账号：工商银行越秀支行010-0134-10012335766	密码区	（略）

货物或应税劳务名称	规格型号	单位	数量	单价	金额	税率	税额
夹心饼干	（略）	盒	400	11.80	4720	17%	802.40
曲奇饼干		盒	300	9.60	2880	17%	489.60
合计					￥7600.00		￥1292.00
价税合计（大写）	捌仟捌佰玖拾贰元整					（小写）￥8892.00	

销货单位	名称：东莞大华食品厂 纳税人识别号：44000514034695 地址、电话：82276575 开户行及账号：工商银行618954678052463	备注	

收款人：李浩　　复核：张月　　开票人：陈小丽　　销货单位：东莞大华食品厂 发票专用章

第二联：抵扣联 购货方扣税凭证

3.2/4

广东增值税专用发票

No 00451278

全国统一发票监制章 国家税务总局监制

发 票 联　　　开票日期：2014 年 3 月 7 日

购货单位	名称：燕华商贸有限公司 纳税人识别号：4400018631465 地址、电话：广州市中山三路154号 83487965 开户行及账号：工商银行越秀支行010-0134-10012335766	密码区	（略）

货物或应税劳务名称	规格型号	单位	数量	单价	金额	税率	税额
夹心饼干	（略）	盒	400	11.80	4720.00	17%	802.40
曲奇饼干		盒	300	9.60	2880.00	17%	489.60
合计					￥7600.00		￥1292.00
价税合计（大写）	捌仟捌佰玖拾贰元整					（小写）￥8892.00	

销货单位	名称：东莞大华食品厂 纳税人识别号：44000514034695 地址、电话：82276575 开户行及账号：工商银行618954678052463	备注	

收款人：李浩　　复核：张月　　开票人：陈小丽　　销货单位：东莞大华食品厂 发票专用章

第三联：发票联 购货方记账凭证

3.3/4　委电

委托收款凭证（付款通知）5

委托号码：第C0307号

委托日期：2014年3月7日　　付款日期：2014年3月7日

收款人	全称	东莞大华食品厂		付款人	全称	盛华商贸有限公司
	账号或地址	618954678052463			账号或地址	010013410012335766
	开户银行	工行	行号 019		开户银行	工商银行越秀支行
委收金额	人民币（大写）	捌仟捌佰玖拾贰元整			千百十万千百十元角分	¥889200
款项内容	货款	委托收款凭证名称			寄单证张数	1张
备注：				付款人注意：应于见票当日通知开户行划款。如需拒付，应在规定的期限内，将拒付理由书并附债务证明退交开户银行。		

单位主管　会计　复核　记账　付款人开户行收到日期 2014年3月7日

此联付款人开户行给付款人按期付款的通知

中国工商银行越秀支行 2014.3.7 转讫　电划　中国工商银行兴建支行 2014.3.7 业务章

3.4/4

收　货　单

编号：01102

供货单位：东莞大华食品厂　　2014年3月7日　　收货部门：批发部

货号	品名	规格	单位	应收数量	实收数量	单价	金额
（略）	夹心饼干		盒	400		11.80	4,720.00
	曲奇饼干		盒	300		9.60	2,880.00
合计							¥7,600.00
商品类别：食品类							

结算联

收货人：刘刚

4. 10日，开出支票，预付本市东方食品厂货款18 000.00元。

4.1/1

中国工商银行支票存根	中国工商银行支票（粤）　XVI0013698020
中国工商银行 支票存根 XVI0013698020 附加信息 出票日期　年　月　日 收款人： 金　额： 用　途： 单位主管：　会计：	本支票付款期限十天 出票日期（大写）　年　月　日　付款行名称： 收款人：　出票人账号： 人民币（大写）　亿千百十万千百十元角分 用途 上列款项请从 我账户内支付 出票人签章　复核　记账

5.1/2

收 货 单

编号：01102

供货单位：东莞大华食品厂　　2014年3月12日　　存放地点：批发部仓库

货 号	品 名	规 格	单 位	应收数量	实收数量	单 价	金 额
（略）	夹心饼干		盒	400	378	11.80	4,460.40
	曲奇饼干		盒	300	310	9.60	2,976.00
合 计							￥7,436.40
商品类别：食品类							

入库联

收货人：刘 刚

5.2/2

商品购进短缺溢余报告单

年 月 日　　编号：00081

货号	品名	单位	应收数量	实收数量	单价	短缺		溢余	
						数量	金额	数量	金额
合 计									
供货单位：东莞大华食品厂 专用发票号码：00451278					处理意见：		溢余或短缺原因：待查		

制单：刘 明

6. 13日，收到对购进商品溢缺的处理意见：

（1）夹心饼干短少22盒，其中，2盒是自然损耗；10盒属运输部门丢失，已协商由运输部门赔偿，暂未收到赔偿款；另10盒属供货方少发货，经协商由供货单位补发，现补发商品已收入库。

（2）曲奇饼干溢余10盒，属供货方多发货，经协商由本公司补作购进，但价税款尚未补付。

6.1/4

商品购进短缺溢余报告单

年 月 日　　编号：00081

货号	品名	单位	应收数量	实收数量	单价	短缺		溢余	
						数量	金额	数量	金额
合 计									
供货单位：东莞大华食品厂 专用发票号码：00451278					处理意见：		溢余或短缺原因：		

制单：刘 明

6.2/4

收　货　单

编号：01103

供货单位：东莞大华食品厂　　2014年3月13日　　存放地点：批发部仓库

货号	品名	规格	单位	应收数量	实收数量	单价	金额
（略）	夹心饼干		盒	10	10	11.80	118.00
合计							￥118.00
商品类别：食品类							

入库联

收货人：刘刚

6.3/4

广东增值税专用发票

No 00451281

全国统一发票监制章 国家税务总局监制

抵　扣　联

开票日期：2014年3月13日

购货单位	名称：燕华商贸有限公司 纳税人识别号：4400018631465 地址、电话：广州市中山三路154号 83487965 开户行及账号：工商银行越秀支行010-0134-10012335766				密码区	（略）	
货物或应税劳务名称	规格型号	单位	数量	单价	金额	税率	税额
曲奇饼干	（略）	盒	10	9.60	96.00	17%	16.32
合计					￥96.00		￥16.32
价税合计（大写）	壹佰壹拾贰元叁角贰分					（小写）￥112.32	
销货单位	名称：东莞大华食品厂 纳税人识别号：44000514034695 地址、电话：82276575 开户行及账号：工商银行618954678052463				备注		

第二联：抵扣联 购货方扣税凭证

收款人：李浩　　复核：张月　　开票人：陈小丽　　销货单位：（东莞大华食品厂发票专用章）

6.4/4

广东增值税专用发票

No 00451281

全国统一发票监制章 国家税务总局监制

发　票　联

开票日期：2014年3月13日

购货单位	名称：燕华商贸有限公司 纳税人识别号：4400018631465 地址、电话：广州市中山三路154号 83487965 开户行及账号：工商银行越秀支行010-0134-10012335766				密码区	（略）	
货物或应税劳务名称	规格型号	单位	数量	单价	金额	税率	税额
曲奇饼干	（略）	盒	10	9.60	96.00	17%	16.32
合计					￥96.00		￥16.32
价税合计（大写）	壹佰壹拾贰元叁角贰分					（小写）￥112.32	
销货单位	名称：东莞大华食品厂 纳税人识别号：44000514034695 地址、电话：82276575 开户行及账号：工商银行618954678052463				备注		

第三联：发票联 购货方记账凭证

收款人：李浩　　复核：张月　　开票人：陈小丽　　销货单位：（东莞大华食品厂发票专用章）

7.1/5

销 货 更 正 单

2014年3月18日

购货单位：燕华商贸有限公司　　原发货单位编号：8569　　日期：2014.3.3　　单位：元

项目	规格、品名	单位	数量	单价	金额	税率（%）	税额
原来	夹心饼干		1000	11.80	11,800	17	2,006.00
更正				11.30	11,300		1,921.00
原来	曲奇饼干		800	9.60	7,680		1,305.60
更正				10.00	8,000		1,360.00
应收 应付	人民币（大写）贰佰壹拾元零陆角整				应收￥ 应付￥ 210.60		
更正原因	价格变动						

（印章：广州徐记饼干厂 业务专用章）

制表：张丽梦

7.2/5

广东增值税专用发票　　No 00450392

（红字）　发 票 联　（印章：全国统一发票监制章 国家税务总局监制）　开票日期：2014年3月18日

购货单位	名　　称：燕华商贸有限公司 纳税人识别号：4400018631465 地 址、电 话：广州市中山三路154号 83487965 开户行及账号：工商银行越秀支行010-0134-10012335766	密码区	（略）

货物或应税劳务名称	规格型号	单位	数量	单价	金额	税率	税额
夹心饼干	（略）	盒	1000	0.50	500.00	17%	85.00
合　计					￥500.00		￥85.00
价税合计（大写）	伍佰捌拾伍元整				（小写）￥585.00		

销货单位	名　　称：徐记饼干厂 纳税人识别号：44000514034518 地 址、电 话：81276573 开户行及账号：工商银行021-564-32335672366	备注	（印章：徐记饼干厂 发票专用章）

收款人：李文奇　复核：张华　开票人：陈小娟　销货单位

第三联：发票联 购货方记账凭证

7.3/5

广东增值税专用发票　　No 00450392

（红字）　抵 扣 联　（印章：全国统一发票监制章 国家税务总局监制）　开票日期：2014年3月18日

购货单位	名　　称：燕华商贸有限公司 纳税人识别号：4400018631465 地 址、电 话：广州市中山三路154号 83487965 开户行及账号：工商银行越秀支行010-0134-10012335766	密码区	（略）

货物或应税劳务名称	规格型号	单位	数量	单价	金额	税率	税额
夹心饼干	（略）	盒	1000	0.50	500.00	17%	85.00
合　计					￥500.00		￥85.00
价税合计（大写）	伍佰捌拾伍元整				（小写）￥585.00		

销货单位	名　　称：徐记饼干厂 纳税人识别号：44000514034518 地 址、电 话：81276573 开户行及账号：工商银行021-564-32335672366	备注	（印章：徐记饼干厂 发票专用章）

收款人：李文奇　复核：张华　开票人：陈小娟　销货单位

第二联：抵扣联 购货方记账凭证

7.4/5

广东增值税专用发票

No 00450393

全国统一发票监制章 发 票 联 国家税务总局监制

开票日期：2014年3月18日

购货单位	名称：燕华商贸有限公司 纳税人识别号：4400018631465 地址、电话：广州市中山三路154号 83487965 开户行及账号：工商银行越秀支行010-0134-10012335766	密码区	（略）

货物或应税劳务名称	规格型号	单位	数量	单价	金额	税率	税额
曲奇饼干	（略）	盒	800	0.40	320..00	17%	54.40
合　计					¥320.00		¥54.40
价税合计（大写）	叁佰柒拾肆元肆角整						（小写）¥374.40

销货单位	名称：徐记饼干厂 纳税人识别号：44000514034518 地址、电话：81276573 开户行及账号：工商银行021-564-32335672366	备注	徐记饼干厂 发票专用章

收款人：李文奇　复核：张华　开票人：陈小娟　销货单位：（章）

第三联：发票联 购货方记账凭证

7.5/5

广东增值税专用发票

No 00450393

全国统一发票监制章 抵 扣 联 国家税务总局监制

开票日期：2014年3月18日

购货单位	名称：燕华商贸有限公司 纳税人识别号：4400018631465 地址、电话：广州市中山三路154号 83487965 开户行及账号：工商银行越秀支行010-0134-10012335766	密码区	（略）

货物或应税劳务名称	规格型号	单位	数量	单价	金额	税率	税额
曲奇饼干	（略）	盒	800	0.40	320..00	17%	54.40
合　计					¥320.00		¥54.40
价税合计（大写）	叁佰柒拾肆元肆角整						（小写）¥374.40

销货单位	名称：徐记饼干厂 纳税人识别号：44000514034518 地址、电话：81276573 开户行及账号：工商银行021-564-32335672366	备注	徐记饼干厂 发票专用章

收款人：李文奇　复核：张华　开票人：陈小娟　销货单位：（章）

第二联：抵扣联 购货方记账凭证

8.1/7

广东增值税专用发票

No 00451287

全国统一发票监制章 抵 扣 联 国家税务总局监制

开票日期：2014年3月18日

购货单位	名称：燕华商贸有限公司 纳税人识别号：4400018631465 地址、电话：广州市中山三路154号 83487965 开户行及账号：工商银行越秀支行010-0134-10012335766	密码区	（略）

货物或应税劳务名称	规格型号	单位	数量	单价	金额	税率	税额
夹心饼干	（略）	盒	450	10.50	4725.00	17%	803.25
合　计					¥4725.00		¥803.25
价税合计（大写）	伍仟伍佰贰拾捌元贰角伍分						（小写）¥5528.25

销货单位	名称：东莞大华食品厂 纳税人识别号：44000514034695 地址、电话：82276575 开户行及账号：工商银行618954678052463	备注	东莞大华食品厂 发票专用章

收款人：李浩　复核：张月　开票人：陈小丽　销货单位：（章）

第二联：抵扣联 购货方扣税凭证

8.2/7

广东增值税专用发票

No 00451287

发 票 联（印章：全国统一发票监制章 国家税务总局监制）

开票日期：2014年3月18日

购货单位	名　　称：燕华商贸有限公司 纳税人识别号：4400018631465 地 址、电 话：广州市中山三路154号 83487965 开户行及账号：工商银行越秀支行010-0134-10012335766				密码区	（略）	
货物或应税劳务名称	规格型号	单位	数量	单价	金　额	税率	税　额
夹心饼干	（略）	盒	450	10.50	4725.00	17%	803.25
合　　计					¥4725.00		¥803.25
价税合计（大写）	伍仟伍佰贰拾捌元贰角伍分					（小写）¥5528.25	
销货单位	名　　称：东莞大华食品厂 纳税人识别号：44000514034695 地 址、电 话：82276575 开户行及账号：工商银行618954678052463				备注		

第三联：发票联 购货方记账凭证

收款人：李浩　　复核：张月　　开票人：陈小丽　　销货单位：（章）东莞大华食品厂 发票专用章

8.3/7

收　货　单

编号：01104

供货单位：东莞大华食品厂　　2014年3月18日　　收货部门：批发部

货　号	品　名	规　格	单　位	应收数量	实收数量	单　价	金　额
（略）	夹心饼干		盒	450		10.50	4,725.00
合　计							¥4,725.00
商品类别：食品类							

结算联

收货人：封　刚

8.4/7

收　货　单

编号：01104

供货单位：东莞大华食品厂　　2014年3月18日　　存放地点：批发部仓库

货　号	品　名	规　格	单　位	应收数量	实收数量	单　价	金　额
（略）	夹心饼干		盒	450	450	10.50	4,725.00
合　计							¥4,725.00
商品类别：食品类							

入库联

收货人：封　刚

8.5/7

公路、内河货物运输业统一发票

发票联

开票日期：2014年3月18日

收货人及 纳税人识别号	燕华商贸有限公司 4400018631465	承运人及 纳税人识别号	满飞物流公司 （略）
发货人及 纳税人识别号	东莞大华食品厂 （略）	主管税务机关 及代码	（略）
运输项目 及金额	运费 150.00	其他项目 及金额	
运费小计	¥ 150.00	其他费用小计（小写）	
合计人民币（大写）	壹佰伍拾元整		

第一联：发票联

运输单位盖章：满飞物流公司 发票专用章　　　开票人：刘云飞

8.6/7

中国工商银行 支票存根 XVI0013698021	中国工商银行支票（粤）　XVI0013698021
附加信息	出票日期(大写)　年　月　日　付款行名称：
	收款人：　出票人账号：
	本支票付款期限十天
	人民币（大写）　亿 千 百 十 万 千 百 十 元 角 分
出票日期　年　月　日	用途
收款人：	上列款项请从
金　额：	我账户内支付
用　途：	出票人签章　　复核　　记账
单位主管：　会计：	

8.7/7

托收凭证（付款通知）　5

委托日期2014年3月18日　　付款期限2014年3月18日

业务类型	委托收款（□邮划□电划）　托收承付（□邮划☑电划）				
付款人 全称	燕华商贸有限公司	收款人 全称	东莞大华食品厂		
账号	4400018631465	账号	618954678052463		
开户银行	工行越秀支行	开户银行	工行		
金额 人民币（大写）	伍仟伍佰贰拾捌元贰角伍分	亿千百十万千百十元角分	¥552825		
款项名称	货款	托收凭证名称		附寄单证张数	2
商品发运情况		合同名称号码			
备注： 付款人开户银行收到日期 （中国工商银行越秀支行 2014.3.18 转讫） 复核　记账		付款人开户银行签章： （中国工商银行越秀支行 2014.3.18 业务章）		付款人注意：	

此联付款人开户行给付款人按期付款的通知

9.1/4

广州市国家税务局
企业进货退出及索取折让证明单

No. 2567832

销货单位	全　称	东莞大华食品厂			
	税务登记号	44000514034695			
进货退出	货物名称	单　价	数　量	货　款	税　额
	夹心饼干	10.50	450	4725	803.25
索取折让	货物名称	货　款	税　额	要求：折让金额	要求：折让税额
退货或索取折让理由	变质 经办人：××× 单位签章： 2014年3月22日	税务征收机关签章	经办人： 2014年3月22日		
购货单位	全　称	燕华商贸有限公司			
	税务登记号	4400018631465			

* 本证明单一式三联：
第一联，征收机关留存；第二联，交销货单位留存；第三联，购货单位留存。

第三联：购货单位留存

9.2/4

进 货 退 出 单

编号：01711

供货单位：东莞大华食品厂　　2014年3月22日　　存放地点：批发部仓库

货　号	品　名	规　格	单　位	应退数量	实退数量	单　价	金　额
夹心饼干			盒	450	450	10.50	¥4,725.00
商品类别　食品类							

出库联

收货人：刘　刚

9.3/4

广东增值税专用发票　　No 00451302

（红字）　发　票　联　　开票日期：2014年3月22日

购货单位	名　　称：燕华商贸有限公司 纳税人识别号：4400018631465 地址、电话：广州市中山三路154号 83487965 开户行及账号：工商银行越秀支行010-0134-10012335766				密码区	（略）	
货物或应税劳务名称	规格型号	单位	数量	单价	金额	税率	税额
夹心饼干	（略）	盒	450	10.50	4725.00	17%	803.25
合　计					¥4725.00		¥803.25
价税合计（大写）	伍仟伍佰贰拾捌元贰角伍分					（小写）¥5528.25	
销货单位	名　　称：东莞大华食品厂 纳税人识别号：44000514034695 地址、电话：82276575 开户行及账号：工商银行618954678052463				备注		

收款人：李浩　　复核：张月　　开票人：陈小丽　　销货单位：发票专用章

第三联：发票联　购货方记账凭证

9.4/4

广东增值税专用发票　　No 00451302

抵　扣　联　　开票日期：2014年3月22日

购货单位	名　　称：燕华商贸有限公司 纳税人识别号：4400018631465 地址、电话：广州市中山三路154号 83487965 开户行及账号：工商银行越秀支行010-0134-10012335766				密码区	（略）	
货物或应税劳务名称	规格型号	单位	数量	单价	金额	税率	税额
夹心饼干	（略）	盒	450	10.50	4725.00	17%	803.25
合　计					¥4725.00		¥803.25
价税合计（大写）	伍仟伍佰贰拾捌元贰角伍分					（小写）¥5528.25	
销货单位	名　　称：东莞大华食品厂 纳税人识别号：44000514034695 地址、电话：82276575 开户行及账号：工商银行618954678052463				备注		

收款人：李浩　　复核：张月　　开票人：陈小丽　　销货单位：发票专用章

第二联：抵扣联　购货方扣税凭证

10. 22 日，到银行办理银行汇票一张用于采购，汇票金额 18 000. 00 元。

10.1/3

中国工商银行汇票申请书（存根） 1

第　号

申请日期　　年　　月　　日

申请人		收款人	顺德海达公司
账　号 或住址		账　号 或住址	35276754
用　途		代　理 付款行	顺德建行
汇票金额	人民币 （大写）	千|百|十|万|千|百|十|元|角|分	
备　注	中国工商银行 越秀支行 2014.3.22 转讫	科　　目 对方科目 财务主管　　复核　　经办	

10.2/3

付款期限 壹 个 月

银行汇票 2

编号：191716

出票日期：　　年　　月　　日　　代理付款行：　　行号：

收款人：		
出票金额：人民币：（大写）		
实际结算金额：人民币：（大写）	千|百|十|万|千|百|十|元|角|分	
申请人：鑫华商贸有限公司 出票行：工行越秀支行 备注： 出票行签章： 中国工商银行越秀支行 2014.3.22 汇票专用章	账号：010013410012335766 多余金额 千|百|十|万|千|百|十|元|角|分	左侧退回多余金额已收入你账户内

此联出票行结清多余款后交申请人

10.3/3

中国工商银行广州市分行越秀支行(收据)

2014年3 月22日

缴款人名称	鑫华商贸有限公司											账　号	010-0134-10012335766
收费名称	数　量	单　价	金　额									备　注	
			十	万	千	百	十	元	角	分			
银行汇票手续费	1	5.00						5	0	0		款项已从你单位账户转讫。 银行盖章： 中国工商银行 越秀支行 2014.3.22 转讫	
合　计							¥	5	0	0			
人民币（大写）	伍元整												

此联由银行盖章后交客户

11.1/5

公路、内河货物运输业统一发票

发 票 联（全国统一发票监制 国家税务总局监制）

开票日期：2014 年 3 月 22 日

收货人及纳税人识别号	燕华商贸有限公司 4400018631465	承运人及纳税人识别号	顺德大通物流公司（略）
发货人及纳税人识别号	顺德海达食品公司	主管税务机关及代码	（略）
运输项目及金额	运费 200.00	其他项目及金额	现金付讫
运费小计	¥ 200.00	其他费用小计(小写)	
合计人民币(大写)	贰佰元整		

运输单位盖章：（顺德大通物流公司 发票专用章）　　开票人：刘云飞

第一联：发票联

11.2/5

广东增值税专用发票

No 00451302

抵 扣 联（全国统一发票监制 国家税务总局监制）　　开 票 日 期：2014 年 3 月 22 日

购货单位	名 称：燕华商贸有限公司 纳税人识别号：4400018631465 地 址、电 话：广州市中山三路154号 83487965 开户行及账号：工商银行越秀支行010-0134-10012335766	密码区	（略）

货物或应税劳务名称	规格型号	单位	数量	单价	金 额	税率	税 额
曲奇饼干	（略）	盒	1600	9.10	14560.00	17%	2475.20
合 计					¥14560.00		¥2475.20
价税合计（大写）	壹万柒仟零叁拾伍元贰角						（小写）¥17035.20

销货单位	名 称：顺德海达食品公司 纳税人识别号：44000514034691 地 址、电 话：82276571 开户行及账号：工商银行618954678052413	备注	（顺德海达食品公司 发票专用章）

收款人：李浩　　复核：张月　　开票人：陈小丽　　销货单位：

第二联：抵扣联 购货方扣税凭证

11.3/5

广东增值税专用发票

No 00451303

发 票 联（全国统一发票监制 国家税务总局监制）　　开 票 日 期：2014 年 3 月 22 日

购货单位	名 称：燕华商贸有限公司 纳税人识别号：4400018631465 地 址、电 话：广州市中山三路154号 83487965 开户行及账号：工商银行越秀支行010-0134-10012335766	密码区	（略）

货物或应税劳务名称	规格型号	单位	数量	单价	金 额	税率	税 额
曲奇饼干	（略）	盒	1600	9.10	14560.00	17%	2475.20
合 计					¥14560.00		¥2475.20
价税合计（大写）	壹万柒仟零叁拾伍元贰角						（小写）¥17035.20

销货单位	名 称：顺德海达食品公司 纳税人识别号：44000514034691 地 址、电 话：82276571 开户行及账号：工商银行618954678052413	备注	（顺德海达食品公司 发票专用章）

收款人：李浩　　复核：张月　　开票人：陈小丽　　销货单位：

第三联：发票联 购货方记账凭证

11.4/5

收 货 单

编号：01105

供货单位：顺德海达食品公司　　2014年3月22日　　收货部门：批发部

货 号	品 名	规 格	单 位	应收数量	实收数量	单 价	金 额
(略)	曲奇饼干		盒	1600		9.10	14,560
合 计							¥14,560
商品类别：食品类							

结算联

收货人：刘刚

11.5/5

付款期限 壹个月

中国工商银行
银行汇票　2

编号：191716

出票日期：　年　月　日　　代理付款行：　行号：

收款人：										
出票金额：人民币：（大写）										
实际结算金额：人民币：（大写）	千	百	十	万	千	百	十	元	角	分

申请人：燕华商贸有限公司　　账号：010013410012335766

出票行：工行越秀支行

备注：

出票行签章：（中国工商银行越秀支行 2014.3.22 汇票专用章）

多余金额										左侧退回多余金额已收入你账户内
千	百	十	万	千	百	十	元	角	分	

此联出票行结清多余款后交申请人

12.1/1

付款期限 壹个月

中国工商银行
银行汇票(多余款收账通知) 4

编号：191716

出票日期：　年　月　日　　代理付款行：　行号：

收款人：										
出票金额：人民币：（大写）										
实际结算金额：人民币：（大写）	千	百	十	万	千	百	十	元	角	分

申请人：燕华商贸有限公司　　账号：010013410012335766

出票行：工行越秀支行

备注：

出票行签章：

多余金额										左侧退回多余金额已收入你账户内
千	百	十	万	千	百	十	元	角	分	

（中国工商银行越秀支行 2014.3.22 转讫）

此联出票行结清多余款后交申请人

13.1/1

收货单

编号：01105

供货单位：顺德海达食品公司　　2014年3月22日　　存放地点：批发部仓库

货号	品名	规格	单位	应收数量	实收数量	单价	金额
（略）	曲奇饼干		盒	1600	1600	9.10	14,560
合计				1600	1600		￥14,560
商品类别：食品类							

入库联

收货人：刘　刚

14.1/5

广东增值税专用发票

No 00456783

抵扣联

开票日期：2014年3月30日

购货单位	名　称：燕华商贸有限公司 纳税人识别号：4400018631465 地址、电话：广州市中山三路154号 83487965 开户行及账号：工商银行越秀支行010-0134-10012335766					密码区	（略）
货物或应税劳务名称	规格型号	单位	数量	单价	金额	税率	税额
夹心饼干	（略）	盒	1300	12.00	15600.00	17%	2652.00
合　计					￥15600.00		￥2652.00
价税合计（大写）	壹万捌仟贰佰伍拾贰元整						（小写）￥18252.00
销货单位	名　称：广州东方食品厂 纳税人识别号：44000514034576 地址、电话：21276579 开户行及账号：工商银行021-45891364283					备注	

收款人：张亚文　　复核：李利娜　　开票人：王洪飞　　销货单位：

第二联：抵扣联　购货方扣税凭证

14.2/5

广东增值税专用发票

No 00456783

发票联

开票日期：2014年3月30日

购货单位	名　称：燕华商贸有限公司 纳税人识别号：4400018631465 地址、电话：广州市中山三路154号 83487965 开户行及账号：工商银行越秀支行010-0134-10012335766					密码区	（略）
货物或应税劳务名称	规格型号	单位	数量	单价	金额	税率	税额
夹心饼干	（略）	盒	1300	12.00	15600.00	17%	2652.00
合　计					￥15600.00		￥2652.00
价税合计（大写）	壹万捌仟贰佰伍拾贰元整						（小写）￥18252.00
销货单位	名　称：广州东方食品厂 纳税人识别号：44000514034576 地址、电话：21276579 开户行及账号：工商银行021-45891364283					备注	

收款人：张亚文　　复核：李利娜　　开票人：王洪飞　　销货单位：

第三联：发票联　购货方记账凭证

14.3/5

收 货 单

编号：01106

供货单位：广州东方食品厂　　2014年3月30日　　收货部门：批发部

货 号	品 名	规 格	单 位	应收数量	实收数量	单 价	金 额
（略）	夹心饼干		盒	1300		12.00	15,600.00
合 计							¥15,600.00
商品类别：食品类							

结算联

收货人：刘 刚

14.4/5

收 货 单

编号：01106

供货单位：广州东方食品厂　　2014年3月30日　　存放地点：批发部仓库

货 号	品 名	规 格	单 位	应收数量	实收数量	单 价	金 额
（略）	夹心饼干		盒	1300	1300	12.00	15,600.00
合 计							¥15,600.00
商品类别：食品类							

入库联

收货人：刘 刚

14.5/5

中国工商银行
支 票 存 根
XVI0013698022
附加信息

出票日期　年　月　日

收款人：
金　额：
用　途：

单位主管：　会计：

本支票付款期限十天

中国工商银行支票（粤）　XVI0013698022

出票日期（大写）　年　月　日　付款行名称：

收款人：　出票人账号：

人民币（大写）	亿	千	百	十	万	千	百	十	元	角	分

用途＿＿＿＿＿＿
上列款项请从
我账户内支付
出票人签章　　复核　　记账

15.1/1

收 货 单

编号：01107

供货单位：徐记饼干厂　　2014年3月31日　　存放地点：批发部仓库

货 号	品 名	规 格	单 位	应收数量	实收数量	单 价	金 额
（略）	曲奇饼干		盒	800	800	9.50	7,600.00
合 计				800	800		¥7,600.00
商品类别：食品类							

入库联

收货人：刘 刚

（三）实训要求

1. 根据经济事项填制有关的原始凭证；
2. 根据原始凭证填制记账凭证（暂不编凭证号）；
3. 登记如下在途物资明细分类账。

在途物资明细分类账

进货批次	供货单位	借方					贷方					转销符号
		年		凭证号数	摘要	金额	年		凭证号数	摘要	金额	
		月	日				月	日				
1												
2												
3												
4												
5												

任务二　批发商品销售的业务核算

一、实训目的

通过实训，明确批发企业商品销售的一般业务程序及一般核算，掌握主要原始凭证的填制、传递以及据以填制记账凭证的技能方法。

二、实训资料

综合性商品流通企业燕华商贸有限公司食品批发部商品夹心饼干售价15.50元，曲奇饼干售价11.60元，3月份发生的有关经济业务如下（该部门商品成本的结转采用月末集中结转方式）。

1. 4日，销售给成都佳佳商场夹心饼干600盒，曲奇饼干300盒。

1.1/2

广东增值税专用发票　　No 00450301

（全国统一发票监制章　国家税务总局监制）

此联不做报销、扣税凭证使用　　开票日期：　年　月　日

购货单位	名称：成都佳佳商场 纳税人识别号：2400016583762 地址、电话：25647967 开户行及账号：010-0754-10057567355					密码区	（略）
货物或应税劳务名称	规格型号	单位	数量	单价	金额	税率	税额
合计							
价税合计（大写）						（小写）	
销货单位	名称： 纳税人识别号： 地址、电话： 开户行及账号：					备注	

收款人：　　复核：　　开票人：　　销货单位：（燕华商贸有限公司 发票专用章）

第一联：记账联　销货方记账凭证

1.2/2

中国工商银行 信汇凭证 4（收款通知或取款依据） 第 号

委托日期：2014 年3 月4 日 应解汇款编号：

收款人	全 称	燕华商贸有限公司	汇款人	全 称	成都佳佳商场
	账号或地址	010-0134-10012335766		账 号	010-0754-10057567355
	开户银行	工行越华支行 汇出行名称		开户银行	工行朝阳支行 汇入行名称
汇票金额（人民币大写）		壹万肆仟玖佰伍拾贰元陆角整		千百十万千百十元角分	¥1495260
汇出用途：支付货款（饼干）					
上列款项已代进账，如有错误，请持此联，来行面洽。（汇入行盖章） 年 月 日		上列款项已照收无误 收款人盖章 年 月 日		科目 对方科目 汇入行解汇日期 年 月 日 复核 出纳 记账	

中国工商银行朝阳支行 2014.3.4 业务章

中国工商银行越华支行 2014.3.4 业务章

中国工商银行朝阳支行 2014.3.4 转讫

2.5 日，由于商品进货成本调整，通知成都佳佳商场调价，夹心饼干 600 盒，单价调低 0.60 元；曲奇饼干 300 盒，单价调高 0.30 元。

2.1/3

销 货 更 正 单

年 月 日

购货单位： 原发货单位编号： 日期： 单位：元

项目	规格、品名	单位	数量	单价	金额	税率（%）	税额
原来							
更正							
原来							
更正							
应收 应付	人民币（大写）				应收¥		
					应付¥		
更正原因							

制表：

2.2/3

广东增值税专用发票 No 00450301

此联不做报销、扣税凭证使用 开票日期： 年 月 日

全国统一发票监制章 国家税务总局监制

购货单位	名 称：成都佳佳商场 纳税人识别号：2400016583762 地 址、电 话：25647967 开户行及账号：020-0754-10057567355				密码区	（略）	
货物或应税劳务名称	规格型号	单位	数量	单价	金 额	税率	税 额
合 计							
价税合计（大写）						（小写）	
销货单位	名 称： 纳税人识别号： 地 址、电 话： 开户行及账号：				备注		

收款人： 复核： 开票人： 销货单位：

燕华商贸有限公司 发票专用章

第一联：记账联 销货方记账凭证

2.3/3

广东增值税专用发票 No 00450301

（红 字 发 票）

全国统一发票监制章 国家税务总局监制

此联不做报销、扣税凭证使用　　开票日期：　　年　月　日

购货单位	名　　称：成都佳佳商场 纳税人识别号：2400016583762 地 址、电 话：25647967 开户行及账号：020-0754-10057567355				密码区		
货物或应税劳务名称	规格型号	单位	数量	单价	金　额	税率	税　额
合　计							
价税合计（大写）					（小写）		
销货单位	名　　称： 纳税人识别号： 地 址、电 话： 开户行及账号：				备注		

收款人：　　复核：　　开票人：　　销货单位：

燕华商贸有限公司 发票专用章

第一联：记账联 销货方记账凭证

3.5日，销售给广州市家乐商场夹心饼干200盒。

3.1/2

广东增值税专用发票 No 00450304

全国统一发票监制章 国家税务总局监制

此联不做报销、扣税凭证使用　　开票日期：　　年　月　日

购货单位	名　　称：广州市家乐商场 纳税人识别号：4400025639583 地 址、电 话：22054963 开户行及账号：020-0329-1002564896				密码区		
货物或应税劳务名称	规格型号	单位	数量	单价	金　额	税率	税　额
合　计							
价税合计（大写）					（小写）		
销货单位	名　　称： 纳税人识别号： 地 址、电 话： 开户行及账号：				备注		

收款人：　　复核：　　开票人：　　销货单位：

燕华商贸有限公司 发票专用章

第一联：记账联 销货方记账凭证

3.2/2

中国工商银行 进账单（回 单）　　1

年　月　日

出票人	全　称		收款人	全　称	
	账　号			账　号	
	开户银行			开户银行	
人民币（大写）				亿 千 百 十 万 千 百 十 元 角 分	
票据种类		票据张数		开户银行盖章	
票据号码					
复核　记账					

此联是开户银行交给持（出）票人回单

4.7 日，家乐商场发现盒装夹心饼干包装盒有破损，同意其在价格上给予 10% 的折让要求。

4.1/2

广东增值税专用发票

No 00450305

（红字发票）

此联不做报销、扣税凭证使用　　开票日期：　　年　月　日

购货单位	名　　　称：广州市家乐商场 纳税人识别号：4400025639583 地 址、电 话：22054963 开户行及账号：020-0329-1002564896					密码区	
货物或应税劳务名称	规格型号	单位	数量	单价	金　额	税率	税　额
合　　计							
价税合计（大写）					（小写）		
销货单位	名　　　称： 纳税人识别号： 地 址、电 话： 开户行及账号：					备注	

收款人：　　复核：　　开票人：　　销货单位：（章）

第一联：记账联　销货方记账凭证

（印章：全国统一发票监制章 国家税务总局监制；嘉华商贸有限公司 发票专用章）

4.2/2

广州市国家税务局
企业进货退出及索取折让证明单

No.6751

销货单位	全　称				
	税务登记号				
进货退出	货物名称	单　价	数　量	货　款	税　额
索取折让	货物名称	货　款	税　额	要求：折让金额	要求：折让税额
退货或索取折让理由	包装破损 经办人：××× 单位签章： 年　月　日（印章：广州家乐商场）		税务征收机关签章	经办人： 年　月　日（印章：广州市国税局）	
购货单位	全　称				
	税务登记号				

* 本证明单一式三联：
第一联，征收机关留存；第二联，交销货单位留存；第三联，购货单位留存。

第二联：销货单位留存

5.7 日，以手续费方式委托东莞市大明商场代销曲奇饼干 500 盒，按进货单价 10.60 元发出商品，手续费率 10%。

5.1/1

委托代销商品移库单

委字第　号　　　　年　月　日　　　　付货部门：批发部

收货单位：					代销合同协字：295 号					
货号	品名	规格	单位	数量	进价		代销价		手续费	
					单价	金额	单价	金额	比例	金额
合计										

批准：刘明　　收货人：　　发货人：刘刚　　制单：刘刚

6.18 日，销售给大新商场夹心饼干 500 盒，曲奇饼干 400 盒，在购销合同中承诺给予购货方如下现金折扣条件：2/10、1/20、*N*/30。

6.1/1

广东增值税专用发票　　No 00450306

此联不做报销、扣税凭证使用　　开票日期：　年　月　日

购货单位	名　　称：大新商场 纳税人识别号：4400018645642 地 址、电 话：39656432 开户行及账号：020-0146-10025364877					密码区	
货物或应税劳务名称	规格型号	单位	数量	单价	金 额	税率	税 额
合　计							
价税合计（大写）					（小写）		
销货单位	名　　称： 纳税人识别号： 地 址、电 话： 开户行及账号：					备注	

收款人：　　复核：　　开票人：　　销货单位：（蒸华商贸有限公司 发票专用章）

第一联：记账联 销货方记账凭证

7.19 日，根据合同，销售给衡阳市万联商场夹心饼干 200 盒。

7.1/4

广东增值税专用发票　　No 00450307

此联不做报销、扣税凭证使用　　开票日期：　年　月　日

购货单位	名　　称：衡阳市万联商场 纳税人识别号：3509291458473 地 址、电 话：83487965 开户行及账号：工行02-5964-3212					密码区	
货物或应税劳务名称	规格型号	单位	数量	单价	金 额	税率	税 额
合　计							
价税合计（大写）					（小写）		
销货单位	名　　称： 纳税人识别号： 地 址、电 话： 开户行及账号：					备注	

收款人：　　复核：　　开票人：　　销货单位：（蒸华商贸有限公司 发票专用章）

第一联：记账联 销货方记账凭证

7.2/4

托收承付 凭证 （承付/支款 通知） 5 第 号

委托日期： 年 月 日 托收号码：

付款人	全 称		收款人	全 称	
	账号或地址			账号或地址	
	开户银行			开户银行	工行 行号
托收金额	人民币（大写）				千 百 十 万 千 百 十 元 角 分
附 件		商品发运情况		合同名称号码	
附寄单证张数或册数	略	X X			
备注：			付款人注意：（略）		

单位主管： 会计： 复核： 记账： 付款人开户银行盖章 月 日

此联是付款人开户银行通知付款人按期承付货款的承付支款通知

7.3/4

国际货物运输代理业专用发票

发 票 联

付款单位 燕华商贸有限公司 开票日期 2014年3月19日

航次/单位/车次/ 提运单号No 117834

内容(货物名称、数量、单价)		金 额	备注
运费		人民币：50.00	
金额合计(大写)	人民币：伍拾元整	合计：￥50.00	

企业签章： 工商登记号 复核：张美 制单：陈小丽

税务登记号：0017563

第二联：付款方记账

（印章：衡阳货运公司 发票专用章）

7.4/4

中国工商银行
支 票 存 根
XVI0013698023

附加信息

出票日期 年 月 日

收款人：	
金 额：	
用 途：	

单位主管： 会计：

本支票付款期限十天

中国工商银行支票（粤） XVI0013698023

出票日期（大写） 年 月 日 付款行名称：

收款人： 出票人账号：

人民币（大写）	亿	千	百	十	万	千	百	十	元	角	分

用途

上列款项请从

我账户内支付

出票人签章 复核 记账

8. 20 日，成都佳佳商场提出 4 日所购饼干变质，要求全部退货，现同意退货。

8.1/3

收 货 单

编号：198801

供货单位： 年 月 日 存放地点：批发部仓库

货 号	品 名	规 格	单 位	应收数量	实收数量	单 价	金 额
合 计							
商品类别：							

入库联

收货人：刘 刚

8.2/3

广东增值税专用发票

（红字发票）

No 00450307

此联不做报销、扣税凭证使用 开 票 日 期： 年 月 日

购货单位	名 称：成都佳佳商场 纳税人识别号：2400016583762 地 址、电 话：25647967 开户行及账号：020-0754-10057567355					密码区		
货物或应税劳务名称	规格型号	单位	数量	单价	金 额	税率	税 额	
合 计								
价税合计（大写）					（小写）			
销货单位	名 称： 纳税人识别号： 地 址、电 话： 开户行及账号：					备注		

收款人： 复核： 开票人： 销货单位：

第一联：记账联 销货方记账凭证

8.3/3

成都市国家税务局
企业进货退出及索取折让证明单

No.0567

销货单位	全 称				
	税务登记号				
进货退出	货物名称	单 价	数 量	货 款	税 额
索取折让	货物名称	货 款	税 额	要求 折让金额	要求 折让税额
退货或索取折让理由	变质 经办人：××× 单位签章： 年 月 日	税务征收机关签章	经办人： 年 月 日		
购货单位	全 称				
	税务登记号				

* 本证明单一式三联：
第一联，征收机关留存；第二联，交销货单位留存；第三联，购货单位留存。

第二联：销货单位留存

9.22 日，分期收款销售给广州长江商城曲奇饼干1500盒，进货单价9.60元，根据合同规定分两次收款，第一次于发货时按总应收价税总额的50%收款，第二次于下月月末收款。

9.1/2

广东增值税专用发票　　No 00450308

（全国统一发票监制章 国家税务总局监制）

此联不做报销、扣税凭证使用　　开票日期：　年　月　日

购货单位	名称：广州长江商城 纳税人识别号：4400026356142 地址、电话：83264572 开户行及账号：020-5124-368924					密码区	
货物或应税劳务名称	规格型号	单位	数量	单价	金额	税率	税额
合计							
价税合计（大写）						（小写）	
销货单位	名称： 纳税人识别号： 地址、电话： 开户行及账号：					备注	

收款人：　　复核：　　开票人：　　销货单位：（燕华商贸有限公司 发票专用章）

第一联：记账联 销货方记账凭证

9.2/2

分期收款发出商品出库单

委托方：　　年　月　日　　受托方：

品名	单位	数量	进价		售价	
			单价	金额	单价	金额
合计						

出库地点：批发部仓库　　保管员：刘刚

10.23 日，业务员到汕头保安商场购进夹心饼干500盒，曲奇饼干600盒，并直运销售给东莞三和超市。

10.1/8

广东增值税专用发票　　No 00156781

（全国统一发票监制章 国家税务总局监制）抵扣联　　开票日期：2014年3月23日

购货单位	名称：燕华商贸有限公司 纳税人识别号：4400018631465 地址、电话：广州市中山三路154号 83487965 开户行及账号：工商银行越秀支行010-0134-10012335766					密码区	（略）
货物或应税劳务名称	规格型号	单位	数量	单价	金额	税率	税额
夹心饼干	（略）	盒	500	12.10	6050.00	17%	1028.50
曲奇饼干		盒	600	9.52	5712.00	17%	971.04
合计					¥11762.00		¥1999.54
价税合计（大写）	壹万叁仟柒佰陆拾壹元伍角肆分					（小写）¥13761.54	
销货单位	名称：汕头保安商场 纳税人识别号：35640023121563 地址、电话：7564321 开户行及账号：农行01-5672					备注	

收款人：王佳　　复核：刘阳华　　开票人：张健　　销货单位：（汕头保安商场 发票专用章）

第二联：抵扣联 购货方扣税凭证

10.2/8

广东增值税专用发票

No 00156781

发票联（全国统一发票监制章 国家税务总局监制）

开票日期：2014年3月23日

购货单位	名　　称：燕华商贸有限公司 纳税人识别号：4400018631465 地 址、电 话：广州市中山三路154号 83487965 开户行及账号：工商银行越秀支行010-0134-10012335766					密码区	（略）	
货物或应税劳务名称	规格型号	单位	数量	单价	金　额	税率	税　额	
夹心饼干	（略）	盒	500	12.10	6050.00	17%	1028.50	
曲奇饼干		盒	600	9.52	5712.00	17%	971.04	
合　计					¥11762.00		¥1999.54	
价税合计（大写）	壹万叁仟柒佰陆拾壹元伍角肆分				（小写）¥13761.54			
销货单位	名　　称：汕头保安商场 纳税人识别号：35640023121563 地 址、电 话：7564321 开户行及账号：农行01-5672					备注	（汕头保安商场 发票专用章）	

收款人：王佳　复核：刘阳华　开票人：张健　销货单位：（章）

第三联：发票联 购货方记账凭证

10.3/8

直运商品收货单

编号：080301

供货单位：汕头保安商场　2014年 3 月 23 日　存放地点：批发部仓库

货　号	品　名	规　格	单　位	应收数量	实收数量	单　价	金　额
	夹心饼干		盒	500	500	12.10	6,050.00
	曲奇饼干		盒	600	600	9.52	5,712.00
合　计							11,762.00
商品类别：食品类							

入库联

收货人：刘刚

10.4/8

委电　## 委托收款凭证（付款通知）5

委托号码：第C0302号

委托日期：2014年 3 月 23 日　付款日期：2014年 3 月 23 日

收款人	全　称	汕头保安商场	付款人	全　称	燕华商贸有限公司	
	账号或地址	01-5672		账号或地址	010-0134-10012335766	
	开户银行	农行　行号 019		开户银行	工商银行越秀支行	
委收金额	人民币（大写）	壹万叁仟柒佰陆拾壹元伍角肆分			千百十万千百十元角分：¥1376154	
款项内容	货款	委托收款凭证名称		寄单证张数	1张	
备注：			付款人注意： 应于见票当日通知开户行划款 如需拒付，应在规定的期限内，将拒付理由书并附债务证明退交开户行			

（中国工商银行越秀支行 2014.3.23 转讫 电划）（中国农业银行二环支行 2014.3.23 业务章）

单位主管　会计　复核　记账　付款人开户行收到日期 2014年 3 月 23 日

此联付款人开户行给付款人按期付款的通知

10.5/8

直运商品发货单

编号：080301

供货单位：汕头保安商场　　2014 年 3 月 23 日　　存放地点：批发部仓库

货号	品名	规格	单位	应发数量	实发数量	单价	金额
	夹心饼干		盒	500	500	12.10	6,050.00
	曲奇饼干		盒	600	600	9.52	5,712.00
合计							¥11,762.00
商品类别：食品类							

出库联

收货人：刘刚

10.6/8

托收凭证（回单） 1

编号：561207

委托日期：2014 年 3 月 23 日　　付款期限　年　月　日

业务类	委托收款（□邮划□电划）　托收承付（□邮划□电划）				
付款人	全称	东莞三和超市	收款人	全称	燕华商贸有限公司
	账号	025-96132		账号	010-0134-10012335766
	开户银行	建行		开户银行	工商银行越秀支行
金额	人民币（大写）		亿 千 百 十 万 千 百 十 元 角 分		
款项名称		托收凭证名称		附寄单证张数	
商品发运情况		合同名称号码			
备注：					

中国工商银行越秀支行 2014.3.23 业务章

此联是收款人开户银行给收款人的回单

10.7/8

广东增值税专用发票

No 00450309

全国统一发票监制章 国家税务总局监制

此联不做报销、扣税凭证使用　　开票日期：2014 年 3 月 23 日

购货单位	名称：东莞三和超市 纳税人识别号：56000025432612 地址、电话：83672546 开户行及账号：025-96132				密码区		
货物或应税劳务名称	规格型号	单位	数量	单价	金额	税率	税额
合计							
价税合计（大写）					（小写）		
销货单位	名称： 纳税人识别号： 地址、电话： 开户行及账号：				备注		

收款人：　　复核：　　开票人：　　销货单位：

燕华商贸有限公司 发票专用章

第一联：记账联 销货方记账凭证

10.8/8

中国工商银行
支 票 存 根
XVI0013698024
附加信息

出票日期：2014年3月23日

收款人：	东莞物流公司
金　额：	￥50.00
用　途：	垫付运费

单位主管：邓顺义　会计：张小亚

11.26 日，委托东莞市大明商场代销的商品售完。

11.1/2

代销商品销售清单

2014 年 3 月 26 日　　字第 089 号

受托方：东莞市大明商场				委托方：燕华商贸公司				代销合同协字 295 号		
货号	品名	规格	单位	数量		代销价		增值税额	手续费	
				来货	已销	单价	金额		比例	金额
	曲奇饼干		盒	500	500	11.60	5800	986.00	10%	580.00

11.2/2

广东增值税专用发票　　No 00450310

此联不做报销、扣税凭证使用　　开票日期：2014 年 3月26 日

购货单位	名　称：东莞市大明商场 纳税人识别号：56000025433619 地 址、电 话：86725673 开户行及账号：026-59164					密码区		
货物或应税劳务名称	规格型号	单位	数量	单价	金　额	税率	税　额	
合　计								
价税合计（大写）					（小写）			
销货单位	名　称： 纳税人识别号： 地 址、电 话： 开户行及账号：					备注		

收款人：　　复核：　　开票人：　　销货单位：（燕华商贸有限公司 发票专用章）

第一联：记账联　销货方记账凭证

12. 26 日，收到河源市永旺公司预付货款 20 000 元。

12.1/1

中国工商银行 进账单（回 单） 1

年 月 日

出票人	全 称		收票人	全 称	
	账 号			账 号	
	开户银行			开户银行	

人民币（大写）	亿	千	百	十	万	千	百	十	元	角	分

票据种类		票据张数		开户银行盖章
票据号码				
复核		记账		

此联是开户银行交给持（出）票人回单

13. 28 日，收到大新商场开来转账支票，系支付前欠货款及增值税税款。

13.1/1

中国工商银行 进账单（回 单） 1

年 月 日

出票人	全 称		收票人	全 称	
	账 号			账 号	
	开户银行			开户银行	

人民币（大写）	亿	千	百	十	万	千	百	十	元	角	分

票据种类		票据张数		开户银行盖章
票据号码				
复核		记账		

此联是开户银行交给持（出）票人回单

14. 30 日，销售给河源市永旺公司夹心饼干 500 盒，曲奇饼干 1000 盒。

14.1/2

广东增值税专用发票 **No 00450311**

全国统一发票监制章 国家税务总局监制

此联不做报销、扣税凭证使用 开 票 日 期：2014 年 3 月 30 日

购货单位	名 称：河源市永旺公司 纳税人识别号：62000015642531 地 址、电 话：3721564 开户行及账号：05-21964	密码区	

货物或应税劳务名称	规格型号	单位	数量	单价	金 额	税率	税 额
合 计							
价税合计（大写）					（小写）		

销货单位	名 称： 纳税人识别号： 地 址、电 话： 开户行及账号：	备注	

收款人： 复核： 开票人： 销货单位：

燕华商贸有限公司 发票专用章

第一联：记账联 销货方记账凭证

14.2/2 中国工商银行 进账单（回 单） 1

年 月 日

出票人	全 称		收票人	全 称	
	账 号			账 号	
	开户银行			开户银行	

人民币（大写）	亿	千	百	十	万	千	百	十	元	角	分

票据种类		票据张数		
票据号码				
复核		记账		开户银行盖章

此联是开户银行交给持(出)票人回单

三、实训要求

1. 根据经济事项填制有关的原始凭证。
2. 根据原始凭证填制记账凭证（暂不编凭证号）。

任务三 批发商品储存的业务核算

一、库存商品核算的账簿设置及核对

（一）库存商品的账簿设置

一般要在三个部门（业务、仓库、财会）设置商品账。财会部门的商品账一般实行三级设置：库存商品总账、库存商品类目账、库存商品明细账。各部门需设置的有关账簿及登记要点如表 2.2 所示。

表 2.2 各部门的账簿及登记要点

部门	库存商品总账	库存商品类目账	库存商品明细账	设置目的
业务			√进价或售价的数量单价	可调库存
仓库			√数量	保管库存
财会	√进价金额	√进价金额	√数量、单价、进价金额	会计库存

（二）会计部门库存商品账的核对

库存商品 总账 = 类目账 = 明细账
一级账 = 二级账 = 三级账
只记进价金额 按商品大类名称设置 按商品的品名规格设置
只记进价金额 记进价金额、数量、单价
一级 = 二级 = 三级 = 四级（仓库账）
实务中月末对账 账账相符 账账相符 账实相符
若账账不符：则查找错账，进行错账更正
若账实不符：先挂待处理，再查找原因，进行转销。（商品溢余短缺的核算）
实物的记录与账面余额进行数量核对
= 账实相符
> 盘盈(商品溢余)(商品溢余报告单)
< 盘亏(商品短缺)(商品损耗报告单)

二、库存商品明细账的登记

（一）库存商品明细账的登记方法

库存商品明细账

账户名称：××商品　　　　计量单位：××

业务	收入			业务	发出			业务	结存		
	数量	单价	金额		数量	单价	金额		数量	单价	金额
购进 收货单	√	√	√	销售 发货票	√			平时	√		
进货退出 红字收货单	☑	√	☑	销货退回 红字发货票	☑			期初期末 及需要时	√	√	√
加工收回 委托加工商品 计算单	√	√	√	加工发出 委托加工商品 发料单	√	√	√				
商品溢余 溢余报告单	√	√	√	商品短缺 损耗报告单	√	√	√				
进货补价 发货票			√								
进货退价 红字发货票			☑								

（二）库存商品明细账的登记范例

库存商品明细账

类别 文具　货号 105　品名 胶水　规格____　单位 瓶　牌价 1.65元

2014年		凭证号数	摘要	收入				发出				结存			存放地点		
月	日			购进数量	其他数量	单价	金额	销售数量	其他数量	单价	金额	数量	单价	金额	甲库	乙库	待运
2	1	05	购进	24 00		1.55	37 200.00					24 000			24 000		
	2	09	进货补价			0.05	1 200.00					24 000			24 000		
	2	13	进货退出	500		1.60	800.00					23 500			23 500		
	7	35	销售					12 000				11 500			11 500		
	9	42	销货退回					1 000				12 500			12 500		
	10	53	分期收款发出商品						7 000	1.60	11 200.00	5 500			5 500		
	12	57	商品加工收回		6 000	1.60	9 600.00					11 500			11 500		
	12	58	商品发出加工						5 000	1.60	8 000.00	6 500			6 500		
	15	70	商品盘点溢余		10	1.60	16.00					6 510			6 510		
	15	72	商品盘点短缺						15	1.60	24.00	6 495			6 495		
	15	73	开单待运									6 495			6 495		4 000

三、库存商品的盘点及处理

（一）商品盘存表

批发商品盘存表

部门：食品批发部　　2014 年 2 月 28 日　　第 1 页共 2 页

品名	单位	单价	账面结存		实际盘存		账存与实存差异		
			数量	金额	数量	金额	余（＋）缺（－）	数量	金额
夹心饼干	盒	11.20	1520	17,024	1525	17,080	＋	5	56.00
曲奇饼干	盒	9.50	865	8,217.50	860	8,170	－	5	47.50
合计				25,241.50		25,250			8.50

部门负责人：杨浩　　监盘人：杨浩　　实物负责人：刘刚　　制表：刘刚

（二）商品盘点短缺溢余报告单

商品盘点短缺溢余报告单　　编号：086504

商品名称	计量单位	单价	账存数量	实存数量	短缺		溢余		原　因
					数量	金额	数量	金额	
夹心饼干	盒	11.20	1520	1525			5	56.00	供货方多发货，立即补付价款
曲奇饼干	盒	9.50	865	860	5	47.50			保管员承担责任
合计						47.50		56.00	

制单：刘刚

四、库存商品的期末计价

存货可变现净值低于成本报告单

填报部门：批发部　　2014 年2 月 28 日

品　名	规　格	计量单位	成本单价	可变现单价	单位减值额	结存数量	减值金额	减值原因
女时装		套	210.00	180.00	30.00	1 650	49,500.00	式样陈旧
合　计	—	—	—	—	—	—	49,500.00	—

审核：郑顺义　　制表人：张小亚

五、商品销售成本的计算结转

【实例】甲商品 3 月初结存 200 件，单价 1 元，计 200 元。3 月份内发生以下购销业务：

9 日，购进 300 件，单价 1. 1 元，计 330 元；

10 日，销售 150 件；

12 日，销售 50 件；

16 日，销售 200 件；

18 日，购进 400 件，单价 1. 16 元，计 464 元；

24日，销售300件；

30日，购进100件，单价1.26元，计126元。

即：本月购进甲商品共计800件，计920元；本月销售甲商品共计700件；月末结存甲商品300件。

（一）加权平均法

库存商品明细账

商品名称：甲商品　　　　计量单位：件

日期	摘要	收入			发出			结存		
		数量	单价	金额	数量	单价	金额	数量	单价	金额
1	期初							200	1	200
9	购进	300	1.10	330				500		
10	销售				150			350		
12	销售				50			300		
16	销售				200			100		
18	购进	400	1.16	464				500		
24	销售				300			200		
30	购进	100	1.26	126				300		
31	销售成本						784	300	1.12	336
31	本月合计	800		920	700		784	300	1.12	336

$$加权平均单价 = (200+920) \div (200+800) = 1.12$$

顺算法：

$$本月销售成本 = 1.12 \times 700 = 784（元）$$
$$月末结存成本 = 200+920-784 = 336（元）$$

倒算法：

$$月末结存成本 = 1.12 \times 300 = 336（元）$$
$$本月销售成本 = 200+920-336 = 784（元）$$

（二）移动平均法

库存商品明细账

商品名称：甲商品　　　　计量单位：件

日期	摘要	收入			发出			结存		
		数量	单价	金额	数量	单价	金额	数量	单价	金额
1	期初							200	1	200
9	购进	300	1.10	330				500		
10	销售				150	1.06	159	350		
12	销售				50	1.06	53	300		
16	销售				200	1.06	212	100		
18	购进	400	1.16	464				500		
24	销售				300	1.14	342	200		
30	购进	100	1.26	126				300		
31	本月合计	800		920	700		766	300	1.18	354

顺算法：

本月销售成本 =（150 + 50 + 200）× 1.06 + 300 × 1.14 = 766（元）

月末结存成本 = 200 + 920 − 766 = 354（元）

倒算法：

月末结存成本 = 1.18 × 300 = 354（元）

本月销售成本 = 200 + 920 − 354 = 766（元）

（三）先进先出法

库存商品明细账

商品名称：甲商品　　　　计量单位：件

日期	摘要	收入			发出			结存		
		数量	单价	金额	数量	单价	金额	数量	单价	金额
1	期初							200	1	200
9	购进	300	1.10	330				200 300	1 1.10	530
10	销售				150	1	150	50 300	1 1.10	
12	销售				50	1	50	300	1.10	
16	销售				200	1.10	220	100	1.10	
18	购进	400	1.16	464				100 400	1.10 1.16	
24	销售				100 200	1.10 1.16	342	200	1.16	
30	购进	100	1.26	126				200 100	1.16 1.26	
31	本月成本	800		920	700		762	200 100	1.16 1.26	358

顺算法：

本月销售成本 = 150 × 1 + 50 × 1 + 200 × 1.10 +（100 × 1.10 + 200 × 1.16）= 762（元）

月末结存成本 = 200 + 920 − 762 = 358（元）

倒算法：

月末结存成本 = 100 × 1.26 + 200 × 1.16 = 358（元）

本月销售成本 = 200 + 920 − 358 = 762（元）

（四）毛利率法

假设上季度实际毛利率为12%，本月商品销售收入900元。则：

本月商品销售毛利额 = 900 × 12% = 108（元）

本月主营业务成本 = 900 − 108 = 792（元）

月末结存商品价值 = 200 + 920 − 792 = 328（元）

六、商品销售成本计算方法的选择

综合前面采用的不同成本计算方法得出以下结果：

项目/方法	毛利率法	个别计价	加权平均	移动平均	先进先出
销售收入	900	900	900	900	900
月末结存	328	326	336	354	358
销售成本	792	794	784	766	762
销售毛利	108	106	116	134	138
毛利率(%)	12.00	11.78	12.89	14.89	15.33

1. 毛利率法：只需本期商品销售收入金额及上季度实际毛利率两个资料即可计算，不需商品明细账资料，非常简便，但准确性较差。故通常只在每个季度的头两个月使用，第三个月要改用其他方法调整，即让误差不跳出季度范围。

2. 个别计价法：以销售的每批商品的实际进价成本来计算，最符合实际，但使用时要有一定条件。

3. 加权平均法：期末要在每个商品明细账上计算加权平均单价，计算较为复杂，但结果较均衡。

4. 移动平均法：要在每个商品明细账上每收入一批商品时重新计算加权平均单价，计算比加权平均法更复杂，但结果比加权平均法更均衡。

5. 先进先出法：当商品的前后进价相差较大时，计算出来的结果也相差较大。

七、实训

（一）实训目的

通过实训，明确批发商品的盘点、库存商品的期末计价及商品销售成本的计算和结转在实务工作中的具体应用及操作，掌握商品储存的一般核算及库存商品的明细分类核算方法。

（二）实训资料

综合性商品流通企业燕华商贸有限责任公司食品批发部上季度饼干类商品的实际毛利率为7.52%，该类商品第一季度1月份、2月份主营业务收入明细账、库存商品的二级类目账及三级明细账的有关资料如下。

主营业务收入　明　细　账

会计科目名称：批发——饼干类　　　　第 1 页

2014年		凭证编号	摘　要	借　方	贷　方	借或贷	余　额
月	日						
1	31		本月合计	60,712.00	60,712.00	平	0
2	28		本月合计	69,770.00	69,770.00	平	0

库存商品类目账

商品类别：饼干类　　单位：盒

2014年		凭证号数	摘要	收入		发出		结存	
月	日			数量	金额	数量	金额	数量	金额
1	1		上年结转					1120	12,126
	30		购进	5000	53,500			6120	
	30		销售			4400		1720	
	31		结转商品销售成本					1720	
2	28		购进	6500	72,900			8220	
	28		销售			5470		2750	
	28		结转商品销售成本					2750	
3	30		购进						
	30		销售						
	31		结转商品销售成本						

库存商品明细账

商品类别：食品类　品名：夹心饼干　计量单位：盒　牌价：15.50元

2014年		凭证号数	摘要	收入			发出	结存		
月	日			数量	单价	金额	数量	数量	单价	金额
1	1		上年结转					500	12.10	6,050.00
	15		购进	3000	11.50	34,500		3500		
	25		销售				2480	1020		
2	10		购进	2000	12.60	25,200		3020		
	20		销售				1620	1400		

库存商品明细账

商品类别：食品类　品名：曲奇饼干　计量单位：盒　牌价：11.60 元

2014 年		凭证号数	摘　要	收　入			发出	结　存		
月	日			数量	单价	金额	数量	数　量	单　价	金　额
1	1		上年结转					620	9.80	6,076.00
	15		购　进	2000	9.50			2620		
	25		销　售				1920	700		
2	10		购　进	4500	10.60			5200		
	20		销　售				3850	1350		

（三）实训要求

1. 将任务一、任务二实训所生成的记账凭证按日期的先后顺序编号，再据以登记如上主营业务收入明细账、库存商品的二级类目账及三级明细账。

2. 在第一季度内，前两个月采用毛利率推算法，第三个月采用先进先出法计算并结转商品的销售成本。

任务四　零售商品购进的业务核算

一、实训目的

通过实训，明确零售企业商品购进的一般业务程序及一般核算，掌握主要原始凭证的填制、传递以及据以填制记账凭证的技能方法。

二、实训资料

综合性商品流通企业燕华商贸有限公司食品零售部商品夹心饼干每包零售价 16.50 元，曲奇饼干每包零售价 12.80 元；服装零售部商品女时装每套零售价 248 元，男西装每套零售价 358 元，3 月份发生的有关经济业务如下。

1.1/5

广东增值税专用发票

No 00450398

抵　扣　联

全国统一发票监制章 国家税务总局监制

开票日期：2014年3月1日

购货单位	名　　称：燕华商贸有限公司 纳税人识别号：4400018631465 地址、电话：广州市中山三路154号 83487965 开户行及账号：工商银行越秀支行010-0134-10012335766				密码区	（略）	
货物或应税劳务名称	规格型号	单位	数量	单价	金额	税率	税额
夹心饼干	（略）	盒	900	12.60	11340.00	17%	1927.80
曲奇饼干		盒	600	9.80	5880.00	17%	999.60
合　计					￥17220.00		￥2927.40
价税合计（大写）	贰万零仟壹佰肆拾柒元肆角整					（小写）￥20147.40	
销货单位	名　　称：徐记饼干厂 纳税人识别号：44000514034518 地址、电话：81276573 开户行及账号：工商银行021-564-32335672366				备注	徐记饼干厂 发票专用章	

收款人：李文奇　复核：张华　开票人：陈小娟　销货单位：（章）

第二联：抵扣联 购货方扣税凭证

1.2/5

广东增值税专用发票

No 00450398

发　票　联

全国统一发票监制章 国家税务总局监制

开票日期：2014年3月1日

购货单位	名　　称：燕华商贸有限公司 纳税人识别号：4400018631465 地址、电话：广州市中山三路154号 83487965 开户行及账号：工商银行越秀支行010-0134-10012335766				密码区	（略）	
货物或应税劳务名称	规格型号	单位	数量	单价	金额	税率	税额
夹心饼干	（略）	盒	900	12.60	11340.00	17%	1927.80
曲奇饼干		盒	600	9.80	5880.00	17%	999.60
合　计					￥17220.00		￥2927.40
价税合计（大写）	贰万零仟壹佰肆拾柒元肆角整					（小写）￥20147.40	
销货单位	名　　称：徐记饼干厂 纳税人识别号：44000514034518 地址、电话：81276573 开户行及账号：工商银行021-564-32335672366				备注	徐记饼干厂 发票专用章	

收款人：李文奇　复核：张华　开票人：陈小娟　销货单位：（章）

第三联：发票联 购货方记账凭证

1.3/5

公路、内河货物运输业统一发票

发　票　联

全国统一发票监制章 国家税务总局监制

开票日期：2014年3月1日

收货人及纳税人识别号	燕华商贸有限公司 4400018631465	承运人及纳税人识别号	徐记饼干厂运输队（略）
发货人及纳税人识别号	徐记饼干厂（略）	主管税务机关及代码	（略）
运输项目及金额	运费 250.00	其他项目及金额	
运费小计	￥250.00	其他费用小计(小写)	
合计人民币(大写)	贰佰伍拾元整		

徐记饼干厂 发票专用章

运输单位盖章：　　　　开票人：刘云龙

第一联：发票联

1.4/5

收 货 单

编号：1003001

收货部门： 年 月 日

商品名称	购进价格				零售价格				进销差价
	单位	数量	单价	金额	单位	数量	单价	金额	
合 计									

入库联

收货人：孙红梅

1.5/5

收 货 单

编号：1003001

收货部门： 年 月 日

商品名称	购进价格				零售价格				进销差价
	单位	数量	单价	金额	单位	数量	单价	金额	
合 计									

结算联

收货人：孙红梅

2.1/5

广东增值税专用发票

No 00450579

抵 扣 联

全国统一发票监制章 国家税务总局监制

开票日期：2014年3月5日

购货单位	名称：燕华商贸有限公司 纳税人识别号：4400018631465 地址、电话：广州市中山三路154号 83487965 开户行及账号：工商银行越秀支行010-0134-10012335766	密码区	

货物或应税劳务名称	规格型号	单位	数量	单价	金额	税率	税额
女时装	(略)	套	100	217	21700.00	17%	3689.00
男西装		套	50	265	13250.00	17%	2252.50
合 计					￥34950.00		￥5941.50
价税合计（大写）	肆万零捌佰玖拾壹元伍角整					（小写）￥40891.50	

销货单位	名称：中山丽奇制衣公司 纳税人识别号：44000514058916 地址、电话：41276573 开户行及账号：工商银行021-259-039	备注	

收款人：李文 复核：张华 开票人：陈妹娟 销货单位：

中山丽奇制衣公司 发票专用章

第二联：抵扣联 购货方扣税凭证

2.2/5

广东增值税专用发票

No00450579

发 票 联（全国统一发票监制章 国家税务总局监制）

开票日期：2014年3月5日

购货单位	名　　称：燕华商贸有限公司 纳税人识别号：4400018631465 地 址、电 话：广州市中山三路154号 83487965 开户行及账号：工商银行越秀支行010-0134-10012335766					密码区	
货物或应税劳务名称	规格型号	单位	数量	单价	金 额	税率	税 额
女时装	(略)	套	100	217	21700.00	17%	3689.00
男西装		套	50	265	13250.00	17%	2252.50
合　计					¥34950.00		¥5941.50
价税合计（大写）	肆万零仟捌佰玖拾壹元伍角整				（小写）¥40891.50		
销货单位	名　　称：中山丽奇制衣公司 纳税人识别号：44000514058916 地 址、电 话：41276573 开户行及账号：工商银行021-259-039					备注	中山丽奇制衣公司 发票专用章

收款人：李文　　复核：张华　　开票人：陈妹娟　　销货单位：

第三联：发票联 购货方记账凭证

2.3/5

收　货　单

编号：1003002

收货部门：　　　　　　　　　　年　　月　　日

商品名称	购进价格				零售价格				进销差价
	单位	数量	单价	金额	单位	数量	单价	金额	
合　计									

收货人：王静芳

结算联

2.4/5

委电

委托收款凭证（付款通知） 5

委托号码：第C0302号

委托日期：2014年 3 月5日　　付款日期：2014年 3 月5日

收款人	全　称	中山丽奇制衣公司	付款人	全　称	燕华商贸有限公司
	账号或地址	021-259-039		账号或地址	010-0134-10012335766
	开户银行	建行　行号 039		开户银行	工商银行越秀支行

委收金额	人民币（大写）	千	百	十	万	千	百	十	元	角	分
	肆万壹仟贰佰肆拾壹元伍角零分			¥	4	1	2	4	1	5	0

款项内容	货款	委托收款凭证名称		寄单证张数	2张
备注：			付款人注意： 应于见票当日通知开户行划款。 如需拒付，应在规定的期限内，将拒付理由书并附债务证明退交开户行。		

中国工商银行越秀支行 2014.3.5 转讫

电划

建设银行中山支行 2014.3.5 业务章

单位主管：　　会计：　　复核：　　记账：　　付款人开户行收到日期 2014 年 3 月 5 日

此联付款人开户行给付款人按期付款的通知

2.5/5

国际货物运输代理业专用发票
发票联

付款单位 中山丽奇制衣公司　　　　开票日期 2014 年 3 月 5 日

航次/单位/车次/　　　　　　　　　提运单号No 117834

内容(货物名称、数量、单价)		金　额	备注
运费		人民币：350.00	
金额合计(大写)	人民币 叁佰伍拾元整	合计：￥350.00	

第二联：付款方记账

企业签章：　　工商登记号　　复核：张美　　制单：陈小丽

税务登记号：0017563

中山货运公司 发票专用章

3.1/6

广东增值税专用发票　　No 00150368

抵扣联

开票日期：2014 年 3 月 5 日

购货单位	名　　称：燕华商贸有限公司 纳税人识别号：4400018631465 地址、电话：广州市中山三路154号 83487965 开户行及账号：工商银行越秀支行010-0134-10012335766	密码区	（略）				
货物或应税劳务名称	规格型号	单位	数量	单价	金额	税率	税额
男西装	（略）	套	100	272	27200.00	17%	4624.00
合　计					￥27200.00		￥4624.00
价税合计（大写）	叁万壹仟捌佰贰拾肆元整				（小写）￥31824.00		
销货单位	名　　称：广州市宇田公司 纳税人识别号：44000514034519 地址、电话：81276576 开户行及账号：工商银行020-5967328967	备注					

第二联：抵扣联 购货方扣税凭证

收款人：张友文　　复核：李伟华　　开票人：陈艺　　销货单位：

广州市宇田公司 发票专用章

3.2/6

广东增值税专用发票　　No 00150368

发票联

开票日期：2014 年 3 月 5 日

购货单位	名　　称：燕华商贸有限公司 纳税人识别号：4400018631465 地址、电话：广州市中山三路154号 83487965 开户行及账号：工商银行越秀支行010-0134-10012335766	密码区	（略）				
货物或应税劳务名称	规格型号	单位	数量	单价	金额	税率	税额
男西装	（略）	套	100	272	27200.00	17%	4624.00
合　计					￥27200.00		￥4624.00
价税合计（大写）	叁万壹仟捌佰贰拾肆元整				（小写）￥31824.00		
销货单位	名　　称：广州市宇田公司 纳税人识别号：44000514034519 地址、电话：81276576 开户行及账号：工商银行020-5967328967	备注					

第三联：发票联 购货方记账凭证

收款人：张友文　　复核：李伟华　　开票人：陈艺　　销货单位：

广州市宇田公司 发票专用章

3.3/6

收　货　单

编号：1003003

收货部门：　　　　　　　　　　　　　　年　　月　　日

商品名称	购进价格				零售价格				进销差价
	单位	数量	单价	金额	单位	数量	单价	金额	
合　计									

入库联

收货人：王静芳

3.4/6

收　货　单

编号：1003003

收货部门：　　　　　　　　　　　　　　年　　月　　日

商品名称	购进价格				零售价格				进销差价
	单位	数量	单价	金额	单位	数量	单价	金额	
合　计									

结算联

收货人：王静芳

3.5/6

广东省广州市运输发票

发票联

全国统一发票监制　国家税务总局监制

NO 000020045

托运单位：宇田公司　　　　　　　　　　2014年3月5日

类别	货名	起止地点	件数	重量（吨）	单价	金额				
						百	十	元	角	分
运费						2	0	0	0	0
合计人民币（大写）	贰佰零拾零元零角零分					2	0	0	0	0
工作项目			备注							

第二联：发票联（报销凭证）

承运单位：广州市第一运输公司　开票人：王鹏　开票单位：

广州市第一运输公司　发票专用章

3.6/6

中国工商银行
支票存根
XVI0013698025
附加信息
出票日期　年　月　日
收款人：
金　额：
用　途：
单位主管：　会计：

本支票付款期限十天

中国工商银行支票（粤）　XVI0013698025

出票日期(大写)　　年　　月　　日　付款行名称：

收款人：　　　　　　　　　　　　　出票人账号：

人民币（大写）	亿	千	百	十	万	千	百	十	元	角	分

用途＿＿＿＿＿＿＿

上列款项请从

我账户内支付

出票人签章　　　　　　复核　　　　记账

4. 8 日，5 日向中山丽奇制衣公司购进的商品到货，无误。

4.1/1

收 货 单

编号：1003002

收货部门：　　　　　　　　　　　　　年　　月　　日

商品名称	购进价格				零售价格				进销差价
	单位	数量	单价	金额	单位	数量	单价	金额	
合　计									

入库联

收货人：王静芳

5.1/4

广东增值税专用发票

No 00650179

抵 扣 联　　全国统一发票监制章 国家税务总局监制

开票日期：2014 年 3 月 10 日

购货单位	名称：燕华商贸有限公司 纳税人识别号：4400018631465 地址、电话：广州市中山三路154号 83487965 开户行及账号：工商银行越秀支行010-0134-10012335766					密码区	（略）
货物或应税劳务名称	规格型号	单位	数量	单价	金额	税率	税额
夹心饼干	（略）	盒	500	11.50	5750.00	17%	977.50
曲奇饼干		盒	500	9.20	4600.00	17%	782.00
合　计					¥10350.00		¥1759.50
价税合计（大写）	壹万贰仟壹佰零玖元伍角整						（小写）¥12109.50
销货单位	名称：深圳味佳食品公司 纳税人识别号：44000514034589 地址、电话：21276576 开户行及账号：工商银行020-009-329					备注	深圳味佳食品公司 发票专用章

收款人：李文亚　　复核：张华北　　开票人：许季文　　销货单位：

第二联：抵扣联 购货方扣税凭证

5.2/4

广东增值税专用发票

No 00650179

发 票 联　　全国统一发票监制章 国家税务总局监制

开票日期：2014 年 3 月 10 日

购货单位	名称：燕华商贸有限公司 纳税人识别号：4400018631465 地址、电话：广州市中山三路154号 83487965 开户行及账号：工商银行越秀支行010-0134-10012335766					密码区	（略）
货物或应税劳务名称	规格型号	单位	数量	单价	金额	税率	税额
夹心饼干	（略）	盒	500	11.50	5750.00	17%	977.50
曲奇饼干		盒	500	9.20	4600.00	17%	782.00
合　计					¥10350.00		¥1759.50
价税合计（大写）	壹万贰仟壹佰零玖元伍角整						（小写）¥12109.50
销货单位	名称：深圳味佳食品公司 纳税人识别号：44000514034589 地址、电话：21276576 开户行及账号：工商银行020-009-329					备注	深圳味佳食品公司 发票专用章

收款人：李文亚　　复核：张华北　　开票人：许季文　　销货单位：

第三联：发票联 购货方记账凭证

5.3/4

收　货　单

编号：1003004

收货部门：　　　　　　　　　　　　　　　　年　　月　　日

商品名称	购进价格				零售价格				进销差价
	单位	数量	单价	金额	单位	数量	单价	金额	
合　计									

结算联

收货人：孙红梅

5.4/4

中国工商银行　信汇凭证　4（收款通知或取款依据）　第　　号

委托日期：　　年　月　日　　　　应解汇款编号：

收款人	全　称		汇款人	全　称	
	账号或地址			账　号	
	开户银行	汇出行名称		开户银行	汇入行名称
汇票金额（人民币大写）					千 百 十 万 千 百 十 元 角 分
汇出用途：					
上列款项已代进账，如有错误，请持此联，来行面洽 （汇入行盖章） 年　月　日	上列款项已照收无误 收款人盖章 年　月　日		科目 对方科目 汇入行解汇日期　年　月　日 复核　　出纳 记账		

6. 12 日，10 日向深圳味佳食品公司购进的商品到货，实收夹心饼干 550 盒，曲奇饼干 465 盒。

6.1/2

收　货　单

编号：1003004

收货部门：　　　　　　　　　　　　　　　　年　　月　　日

商品名称	购进价格				零售价格				进销差价
	单位	数量	单价	金额	单位	数量	单价	金额	
合　计									

入库联

收货人：孙红梅

6.2/2

商品购进短缺溢余报告单

年　月　日　　　　编号：03781

货号	品名	单位	应收数量	实收数量	单价	短缺		溢余		处理意见：
						数量	金额	数量	金额	
合计										
供货单位： 专用发票号码：					溢余或短缺原因：					

制单：孙红梅

7. 12日，经查短少的曲奇饼干，其中5盒是合理损耗，另外30盒是运输单位责任，经协商，由其进行赔偿，尚未收到赔偿款；溢余的50盒夹心饼干是对方多发货，经协商，同意补作购进，价税款尚未支付。

7.1/3

商品购进短缺溢余报告单

年　月　日　　　　编号：03781

货号	品名	单位	应收数量	实收数量	单价	短缺		溢余		处理意见：
						数量	金额	数量	金额	
合计										
供货单位： 专用发票号码：					溢余或短缺原因：					

制单：孙红梅

7.2/3

广东增值税专用发票　　No 00650198

全国统一发票监制章 国家税务总局监制　抵扣联

开票日期：2014年3月12日

购货单位	名称：燕华商贸有限公司 纳税人识别号：4400018631465 地址、电话：广州市中山三路154号 83487965 开户行及账号：工商银行越秀支行010-0134-10012335766					密码区	（略）
货物或应税劳务名称	规格型号	单位	数量	单价	金额	税率	税额
夹心饼干	（略）	盒	50	11.50	575.00	17%	97.75
合计					¥575.00		¥97.75
价税合计（大写）	陆佰柒拾贰元柒角伍分						（小写）¥672.75
销货单位	名称：深圳味佳食品公司 纳税人识别号：44000514034589 地址、电话：21276576 开户行及账号：工商银行020-009-329					备注	深圳味佳食品公司 发票专用章

第二联：抵扣联 购货方扣税凭证

收款人：李文亚　　复核：张华北　　开票人：许季文　　销货单位：

7.3/3

广东增值税专用发票

No 00650198

全国统一发票监制 国家税务总局监制 发 票 联

开票日期：2014年3月12日

购货单位	名　　称：燕华商贸有限公司 纳税人识别号：4400018631465 地 址、电 话：广州市中山三路154号 83487965 开户行及账号：工商银行越秀支行010-0134-10012335766			密码区	（略）		
货物或应税劳务名称	规格型号	单位	数量	单价	金额	税率	税额
夹心饼干	（略）	盒	50	11.50	575.00	17%	97.75
合　计					￥575.00		￥97.75
价税合计（大写）	陆佰柒拾贰元柒角伍分					（小写）￥672.75	
销货单位	名　　称：深圳味佳食品公司 纳税人识别号：44000514034589 地 址、电 话：21276576 开户行及账号：工商银行020-009-329			备注	深圳味佳食品公司 发票专用章		

第三联：发票联 购货方记账凭证

收款人：李文亚　　复核：张华北　　开票人：许季文　　销货单位：

8.1/5

商业承兑汇票

签发日期　　年　　月　　日　　汇票号码：10762

收款人	全　称		付款人	全　称			
	账　号 或地址			账　号 或地址			
	开户银行			开户银行		行号	
汇票金额	人民币（大写）			千百十万千百十元角分 ￥2000000			
汇票到期日			交易合同号码	324561003			
本汇票已由本单位承兑，到期日无条件支付票款 此致 承兑人盖章 承兑日期：2014年3月15日			出票人盖章： 负责				

8.2/5

上海市增值税专用发票

No 00250318

全国统一发票监制 国家税务总局监制 抵 扣 联

开票日期：2014年3月15日

购货单位	名　　称：燕华商贸有限公司 纳税人识别号：4400018631465 地 址、电 话：广州市中山三路154号 83487965 开户行及账号：工商银行越秀支行010-0134-10012335766			密码区	（略）		
货物或应税劳务名称	规格型号	单位	数量	单价	金额	税率	税额
女时装	（略）	套	200	205	41000.00	17%	6970.00
男西装		套	100	285	28500.00	17%	4845.00
合　计					￥69500.00		￥11815.00
价税合计（大写）	捌万壹仟叁佰壹拾伍元整					（小写）￥81315.00	
销货单位	名　　称：上海红玫瑰服装公司 纳税人识别号：43000514034519 地 址、电 话：51276571 开户行及账号：工商银行021-5967-432			备注	上海红玫瑰服装公司 发票专用章		

第二联：抵扣联 购货方扣税凭证

收款人：李浩胜　　复核：张越　　开票人：陈华娟　　销货单位：

8.3/5

上海市增值税专用发票

No 00250318

发 票 联（印章：全国统一发票监制章 国家税务总局监制）

开 票 日 期：2014 年 3 月 15 日

购货单位	名　　　称：燕华商贸有限公司 纳税人识别号：4400018631465 地 址、电 话：广州市中山三路154号 83487965 开户行及账号：工商银行越秀支行010-0134-10012335766					密码区	（略）	
货物或应税劳务名称	规格型号	单位	数量	单价	金　额	税率	税　额	
女时装	（略）	套	200	205	41000.00	17%	6970.00	
男西装		套	100	285	28500.00	17%	4845.00	
合　　计					￥69500.00		￥11815.00	
价税合计（大写）	捌万壹仟叁佰壹拾伍元整					（小写）￥81315.00		
销货单位	名　　　称：上海红玫瑰服装公司 纳税人识别号：43000514034519 地 址、电 话：51276571 开户行及账号：工商银行021-5967-432					备注		

收款人：李浩胜　　复核：张越　　开票人：陈华娟　　销货单位（印章：上海红玫瑰服装公司 发票专用章）

第三联：发票联 购货方记账凭证

8.4/5

收　货　单

编号：1003005

收货部门：　　　　　　　　　　年　　月　　日

商品名称	购进价格				零售价格				进销差价
	单位	数量	单价	金额	单位	数量	单价	金额	
合　计									

收货人：孙红梅

结算联

8.5/5

国际货物运输代理业专用发票
发 票 联

付款单位 上海红玫瑰服装公司　　开票日期 2014 年 3 月 15 日

航次/单位/车次/　　　　提运单号No 117835

内容(货物名称、数量、单价)	金　额	备注
运费	人民币：1800.00	
金额合计(大写)　人民币：壹仟捌佰元整	合计：￥1800.00	

企业签章：（印章：上海货运公司 发票专用章）　工商登记号　复核：张美　制单：陈小丽

税务登记号：0017563

第二联：付款方记账

9. 26 日，服装组实收男西装 200 套（系向洪威制衣厂购进，单价 280 元，计 56 000 元，增值税税额 9 520 元，至月末结算单据仍未到达）。

9.1/1

收　货　单

编号：1003006

收货部门：　　　　　　　　　　　　　　　　年　　　月　　　日

商品名称	购进价格				零售价格				进销差价
	单位	数量	单价	金额	单位	数量	单价	金额	
合　计									

入库联

收货人：王静芳

三、实训要求

1. 根据经济事项填制有关的原始凭证。
2. 根据原始凭证填制记账凭证（暂不编凭证号）。

任务五　零售商品销售的业务核算

一、实训目的

通过实训，明确零售企业商品销售的一般业务程序及一般核算，掌握主要原始凭证的填制、传递以及据以填制记账凭证的技能方法，掌握将本月含税的售价收入调整为不含税的销售收入的技能。

二、实训资料

综合性商品流通企业燕华商贸有限公司 3 月份食品、服装零售部发生的有关经济业务如下。

1. 15 日，转来服装组和食品组上半月的销货日报表汇总表。

燕华商贸有限公司商品销货款（含税）情况

2014 年 3 月 15 日　　　　　　　　单位：元

柜组	销售金额	实收金额	现金收入	信用卡收入	转账支票	现金溢余	现金短缺
食品柜	60,900	60,890	58,000	2,890			10
服装柜	139,980	140,000	130,300	3,800	5,900	20	
合计	200,880	200,890	188,300	6,690	5,900	20	10

制表：王波

销货款短缺溢余报告单

部门：食品组　　　　　　年　　月　　日　　　　　　编号

销售金额		部门意见	
实收金额			
短缺款			
溢余款		领导审批	
溢缺原因			

记账联

收款员：王波

销货款短缺溢余报告单

部门：服装组　　　　　　年　　月　　日　　　　　　编号

销售金额		部门意见	
实收金额			
短缺款			
溢余款		领导审批	
溢缺原因			

记账联

收款员：王波

2. 16 日，转来现金长短款的处理报告：经批准，食品柜现金短款是收款人王波的责任，由王波赔偿，赔偿款未收；服装柜长款是找零差错而造成多收，做企业的收益处理。

销货款短缺溢余报告单

部门：食品组　　　　　　年　　月　　日　　　　　　编号

销售金额		部门意见	
实收金额			
短缺款			
溢余款		领导审批	
溢缺原因			

核销联

收款员：王波

销货款短缺溢余报告单

部门：服装组　　　　　　年　　月　　日　　　　　　编号

销售金额		部门意见	
实收金额			
短缺款			
溢余款		领导审批	
溢缺原因			

核销联

收款员：王波

3. 31 日，转来服装组和食品组下半月销货日报表汇总表。

燕华商贸有限公司商品销货款（含税）情况

2014 年 3 月 31 日　　单位：元

柜组	销售金额	实收金额	现金收入	信用卡收入	转账支票	现金溢余	现金短缺
食品柜	53,951.50	53,962.50	44,000	5,440	4,522.50	11	
服装柜	162,544	162,544	155,394	7,150			
合计	216,495.50	216,506.50	199,394	12,590	4,522.50	11	

制表：王波

销货款短缺溢余报告单

部门：食品组　　2014 年 3 月 31 日　　编号

销售金额		部门意见	
实收金额			
短缺款			
溢余款		领导审批	
溢缺原因			

记账联

收款员：王波

4. 31 日，食品柜长款是由于找零差而多收，做企业的收益处理。

销货款短缺溢余报告单

部门：食品组　　年　月　日　　编号

销售金额		部门意见	
实收金额			
短缺款			
溢余款		领导审批	
溢缺原因			

核销联

收款员：王波

三、实训要求

1. 根据经济事项填制原始凭证。
2. 根据原始凭证填制记账凭证（暂不编凭证号）。
3. 登记如下商品销售收入明细账。

主营业务收入　明　细　账

会计科目名称：食品组　　第　页

2014年		凭证编号	摘　要	借　方	贷　方	借或贷	余　额
月	日						

主营业务收入　明　细　账

会计科目名称：服装组　　　　　　　　　　　　第　　页

2014年		凭证编号	摘　要	借　方	贷　方	借或贷	余　额
月	日						

4. 将本月含税的售价收入调整为不含税的销售额。

任务六　零售商品储存的业务核算

一、库存商品和商品进销差价明细账的设置与登记

零售企业的库存商品和商品进销差价明细账按营业柜组或门市部设置，在经济业务发生时，这两个账户往往同时发生变动，为了便于记账，可将其联合在一起，设置库存商品和商品进销差价联合明细分类账。

库存商品和商品进销差价明细分类账

部门：服装组

2014年		凭证号数	摘要	库存商品												商品进销差价			
				借方				贷方					借或贷	余额		借方	贷方	借或贷	余额
月	日			购进	调入	调价增值	溢余	销售	调出	调价减值	削价	短缺							
3	1		余额										借	136 400				贷	34 782
	1		购入	15 000													3 810		
	1		进货退出	1 000													256		
	1		调入		5 000												1 270		
	1		调价增值			500											500		
	1		销售					12 420											
	1		调出						3 000							762			
	1		调价减值						640				借	140 020		640		贷	38 704

二、库存商品的盘点及处理

（一）商品盘存表

库存商品盘存表

部门：服装组　　2014 年 2 月 31 日

品名	规格	计量单位	盘存数量	销售价格		购进价格	
				单价	金额	单价	金额
女时装	（略）	套	150	207	31,050	144.90	21,735
男时装		套	216	289	62,424	202.30	43,696.80
小计					93,474		65,431.80
合计					589,324		436,503.34

柜组长：张文红　　复核：张文红　　制表：李丽

“商品盘存表”由保管人员负责填制，若盘存表上账存数与实存数不符，则填制“商品短缺溢余报告单”。

商品盘存汇总表

2014 年 2月 31 日

营业柜组	库存商品售价金额	库存商品进价金额	受托代销商品售价金额	受托代销商品进价金额	商品进销差价
服装组	589,324	436,503.34	21,000	19,200	154,620.66
食品组	25,457	19,856.46			5,600.54
合计	614,781	456,359.80	21,000	19,200	160,221.20

柜组长：张文红、李文辉　　复核：张丹阳　　制表：李丽

“商品盘存汇总表”是根据各营业柜组的“库存商品盘存表”和“受托代销商品盘存表”编制的。

（二）商品盘点短缺溢余报告单

商品盘点短缺溢余报告单

部门：服装组　　2014 年 2 月 31 日

账存金额	15,238.60	溢余金额		短缺或溢余原因	销货发错商品
实存金额	15,138.60	短缺金额	100.00		
上月本柜组差价率			25.60%		
溢余商品差价		溢价商品进价			
短缺商品差价	25.60	短缺商品进价	74.40		
领导批复			部门意见	要求做企业损失处理	

记账联

审批人：邓顺文　　柜组长：张文红　　复核：张文红　　制单：王波

三、库存商品的调价

商品调价差额调整单

编号：1257

填报部门：服装组　　　　2014 年 2 月 31 日　　　　调价通知：调字第2号

品　名	计量单位	盘存数量	零售单价		调整单价差额		调高金额	调低金额
			新价	原价	增加	减少		
男西装	套	42	289			11		462
女时装	套	85	207			20		1,700
合　计								2,162

审批人：邓顺文　　柜组长：张文红　　复核：张文红　　制单：王波

四、库存商品的内部调拨

商品内部调拨单

调入部门：批发部　　　　2014 年 2 月 8 日　　　　调出部门：食品组

品　名	计量单位	数量	零售价格		购进价格		商　品进销差价
			单价	金额	单价	金额	
夹心饼干	盒	80	15.20	1,216.00	11.87	949.60	266.40
曲奇饼干	盒	60	12.80	768.00	9.48	568.80	199.20
合　计				1,984.00		1,518.40	465.60

审核：李文辉　　　　制单：张红霞

“商品内部调拨单”一般由调出部门填制。

五、库存商品的削价

商品削价报告单

部门：食品组　　　　2014年3月31日

商品名称	单位/规格	数量	原售价		现售价(不含税)		变动金额
			单价	金额	单价	金额	
曲奇饼干	盒	25	12.80	320	11.50	287.50	32.50
夹心饼干	盒	13	15.20	197.60	13.80	179.40	18.20
合计		38		517.60		466.90	50.70

主管：宋楠　　　　复核：李文辉　　　　制单：张红霞

“商品削价报告单”一般由有关营业柜组盘点数量后填制。

六、库存商品的期末计价

期末库存商品成本与
可变现净值比较表

单位：元

柜别	商品名称	单位	结存数量	含税价格		进销差价	实际成本	可变现净值		期末价值
				单价	总价			单价	总价	
食品组	夹心饼干	盒	200	15.20	3040	912	2128	12.16	2432	
	曲奇饼干	盒	400	12.80	5120	1536	3584	11.28	4512	
	小计				8,160	2,448	5,712		6,944	5,712
服装组	女时装	套	300	207	62,100	17,388	44,712	198	59,400	
	男西装	套	600	289	173,400	48,552	124,848	269	161,400	
	小计				235,500	65,940	169,560		220,800	169,560
合计					243,660	68,388	175,272		227,744	175,272
备注	分柜组差价率：　食品组：30%；　服装组：28%									

七、商品销售成本的计算结转

零售商品进销差价计算分摊表
2014年2月31日

单位：元

柜组	月末进销差价余额	月末库存及委托代销商品余额	本月主营业务收入贷方发生额	本月进销差价率（%）	本月实现的进销差价	月末库存及委托代销商品应摊差价
食品组	66,158	128,900	132,800	25.28	33,571.84	32,586.16
服装组	80,865	176,300	156,200	24.32	37,987.84	42,877.16
合计	147,023	305,200	289,000		71,559.68	75,463.32

会计主管：邓顺文　　复核：邓顺文　　制表：张小亚

八、实训

（一）实训目的

通过实训，明确零售企业商品储存的一般核算，掌握主要原始凭证的填制、传递以及据以填制记账凭证的技能方法，掌握库存商品和商品进销差价明细分类账的登记方法，以及月末计算调整商品销售成本的技能。

（二）实训资料

综合性商品流通企业燕华商贸有限公司3月份食品、服装零售部发生的有关经济业务如下。

1. 31日，仓库月末盘点后，转来商品盘存表（假定上月服装柜分类差价率为21.6%，上月食品柜分类差价率为17.2%）。

1.1/3

商品盘存表

2014 年 3 月 31 日

商品品名	编号	单位	库存数量	实存售价金额		库存商品账面余额	溢余售价	短缺售价
				单价	金额			
女时装		套	140	207	28 980	29,394		414
男西装		套	60	289	17,340	17,340		
服装组合计					46,320	46,734		414
曲奇饼干		盒	430	12.80	5,504	5,504		
夹心饼干		盒	1388	15.20	21,097.60	21,021.60	76	
食品组合计					26,601.60	26,525.60	76	
备注	原因待查							

制单：张丹阳

1.2/3

商品盘点短缺溢余报告单

部门：食品组　　　　年　月　日　　　　编号

账存金额		溢余金额		短缺或溢余原因	
实存金额		短缺金额			
上月本柜组差价率					
溢余商品差价		溢价商品进价			
短缺商品差价		短缺商品进价			
领导批复		部门意见			

记账联

审批人：　　柜组长：　　复核：　　制单：

1.3/3

商品盘点短缺溢余报告单

部门：服装组　　　　年　月　日　　　　编号

账存金额		溢余金额		短缺或溢余原因	
实存金额		短缺金额			
上月本柜组差价率					
溢余商品差价		溢价商品进价			
短缺商品差价		短缺商品进价			
领导批复		部门意见			

记账联

审批人：　　柜组长：　　复核：　　制单：

2. 31 日，转来对服装组商品盘存溢缺处理意见报告：服装组短少是实物负责人的责任，责成由其赔偿，尚未收到赔偿款。

商品盘点短缺溢余报告单

部门：服装组　　　　　　　　年　月　日　　　　　　　　编号

账存金额		溢余金额		短缺或溢余原因	
实存金额		短缺金额			
上月本柜组差价率					
溢余商品差价		溢价商品进价			
短缺商品差价		短缺商品进价			
领导批复		部门意见			

核销联

审批人：　　　　柜组长：　　　　复核：　　　　制单：

3. 31 日，转来对食品组商品盘存溢缺处理意见报告：食品组溢余夹心饼干是自然升溢，作冲减当期损益处理。

商品盘点短缺溢余报告单

部门：食品组　　　　　　　　2014 年 3 月 31 日　　　　　　　　编号

账存金额		溢余金额		短缺或溢余原因	
实存金额		短缺金额			
上月本柜组差价率					
溢余商品差价		溢价商品进价			
短缺商品差价		短缺商品进价			
领导批复		部门意见			

核销联

审批人：　　　　柜组长：　　　　复核：　　　　制单：

（三）实训要求

1. 根据原始凭证填制记账凭证（暂不编凭证号）。

2. 将任务四～任务六实训所生成的记账凭证先按日期的先后顺序编号，再据以登记如下库存商品和商品进销差价明细账。

库存商品和商品进销差价明细分类账

部门：食品组

2014年		凭证号数	摘要	库存商品											商品进销差价			
				借方				贷方					借或贷	余额	借方	贷方	借或贷	余额
月	日			购进	调入	调价增值	溢余	销售	调出	调价减值	削价	短缺						
3	1		期初余额										借	103,820.10			贷	17,857.06

库存商品和商品进销差价明细分类账

部门：服装组

2014年		凭证号数	摘要	库存商品											商品进销差价			
				借方				贷方					借或贷	余额	借方	贷方	借或贷	余额
月	日			购进	调入	调价增值	溢余	销售	调出	调价减值	削价	短缺						
3	1		期初余额										借	199,158.00			贷	43,018.13

3. 按分柜组差价率推算法计算并结转已销商品应分摊的进销差价（保留小数点后两位），对两个营业柜组本月已销商品应分摊的进销差价进行账务处理。

零售商品进销差价计算分摊表

年　月　日　　　　单位：元

柜组	月末进销差价余额	月末库存及委托代销商品余额	本月主营业务收入贷方发生额	本月进销差价率（%）	本月实现的进销差价	月末库存及委托代销商品应摊差价
食品组						
服装组						
合计						

会计主管：　　　　复核：　　　　制表：

第三篇

商品流通企业会计综合实训

一、实训目标

1. 根据商品流通企业不同的经营方式和经营对象，能够选择恰当的会计核算方式和方法，开展商品流通企业的会计核算工作。

2. 在掌握具体的经营方式和经营对象核算方法的基础上，能够熟练地对综合性经营企业的业务进行会计核算。

3. 全面掌握商品流通企业会计核算过程中确认、计量、记录和报告的能力。

4. 整合课堂上所学的知识和技能，提高职业判断能力及审慎的思维能力，为顶岗实习和就业奠定基础。

5. 通过综合实训，理解商品流通企业会计核算与其他行业会计的异同，提高融会贯通的能力，为学习其他行业会计奠定基础。

二、实训要求

1. 选择适当的实训组织方式，在采用设岗实训方式下，要按照岗位要求合理分工，同时为了保证每个同学都能掌握相关技能，在完成一部分工作后，可以采取轮岗方式，调换每个人的角色和任务。

2. 应严格按照《会计基础工作规范》的要求开展各环节的核算工作，所有的文字、数字都应按照规范要求书写，所有文字和数字要正确、整洁、清楚、流畅，保证账、证、表的整洁。

3. 对于实训过程中出现的账务处理错误，应按照规定的更正方法进行更正，不得任意涂改、刮擦挖补。

4. 所有的账、证、表等会计资料均应按照要求装订成册，形成实训成果。

5. 严格按照要求，按时完成各阶段的实训任务。

三、实训组织

可以参照第一篇所提供的综合实训方式，适当采取“集中实训”、“设岗实训”方式中的某一种方式组织实训。

四、实训评价

评价方式和评价标准见第一篇的“商品流通企业会计实训的评价”。

五、实训准备

为了全仿真企业核算过程，实训开始前，应组织学生学习《会计基础工作规范》，开展实训动员工作，使学生明确综合实训的目的、意义、要求及实训安排；根据教学安排，选择适当的实训组织方式；做好实训的器材及耗材准备。

（一）实训用具及器材准备

1. 财务专用章、发票专用章、会计科目用章和私章（出纳人员、法人代表、会计人员）各一套。
2. 钢笔（红、蓝或黑）、铅笔。
3. 直尺、剪刀、胶水、大头针、回形针。
4. 印台、算盘或计算器、钩锥或装订机、装订线等相关用品用具。

应配备银行预留印鉴和有关业务用章、私章如下：

（二）实训耗材准备

1. 总分类账：25 张。
2. 出纳日记账：2 张。
3. 三栏式明细分类账：6 张。
4. 数量金额式明细分类账：5 张。
5. 应交增值税明细分类账：2 张。
6. 横线式明细分类账：1 张。
7. 库存商品和商品进销差价联合式明细分类账：3 张。
8. 多栏式明细分类账：3 张。
9. 记账凭证：4 本。
10. 会计凭证封面：1 张。
11. 科目汇总表：4 张。
12. 总账科目试算平衡表：3 张。
13. 资产负债表、应交增值税明细表、利润表、利润分配表：各 1 份。

六、实训资料

（一）实训企业概况

1. 企业机构设置：水果（农副产品）经营部、批发商品经营部、水产品（鲜活商品）

经营部、零售商场（服装柜组、食品柜组）、首饰部、财务部、仓库、分店。

2. 核算方法如下表所示。

部门	库存商品核算方法	商品销售成本计算	销售收入价税处理
零售商场	售价金额核算	分柜组差价率法	月末
首饰部	数量售价金额核算	综合差价率法	月末
水果部	进价金额核算	个别计价法	当时
批发部	数量进价金额核算	加权平均法	当时
水产部	进价金额核算	月末盘存计销法	当时

其中，水果部按照经营农副产品的核算方法进行核算；水产部按照经营鲜活商品的核算方法进行核算；分店采取特许连锁、实行独立核算。大部分销售业务为内销，小部分商品自营出口销往东南亚国家。

3. 外币交易按交易日的即期汇率将外币金额折算为记账本位币金额记账。公司的记账本位币为人民币。外币货币性项目和以价值计量的外币非货币性项目的期末账户余额，按月末即期汇率进行调整。

4. 增值税税率为17%（收购的农副产品按买价13%的扣除率计算进项税额；支付的运费按7%计算进项税额），城市维护建设税税率为7%，教育费附加为3%，所得税税率为25%，一般盈余公积金的提取比例为10%，公益金为5%。

5. 利润核算采用“账结法”，每月计算出利润总额并预交所得税，年终进行清算。

6. 财务部工作人员及分工如下。

（1）会计主管——邓顺义：负责审核各类账证，编制科目汇总表并据以登记总账，编制财务报表，进行财务分析。

（2）出纳员——王芳：负责办理收付款业务，填制各种收、付款的票据和结算凭证，编制收、付记账凭证，登记现金和银行存款日记账并定期进行银行对账工作。

（3）制单会计——张小亚：负责审核原始凭证，编制转账记账凭证和有关的原始凭证。

（4）记账会计——李文红：负责审核各种记账凭证，登记有关的明细账。

（二）实训企业建账资料

1. 燕华商贸有限公司2013年总账及有关明细账账户余额表（单位：元）如下表所示。

科目代码	账户名称	1月1日余额		12月1日余额		备注
		借方	贷方	借方	贷方	
1001	库存现金	1 532.80		798.37		出纳账
1002	银行存款	645 729.60		790 253.44		出纳账
1015	其他货币资金					
1101	交易性金融资产	120 000.00		550 000.00		
1121	应收票据	646 000.00		690 000.00		
1122	应收账款	701 176.00		219 550.00		
112201	广州天华商场			239 100.00		三栏式
112202	上海蓝天公司				19 550.00	三栏式
1123	预付账款	70 000.00		67 000.00		

续表

科目代码	账户名称	1月1日余额		12月1日余额		备注
		借方	贷方	借方	贷方	
112301	中山丰达制衣公司			50 000.00		三栏式
112302	广州美华饼干厂				5 000.00	三栏式
112303	待摊费用	15 000.00		22 000.00		
1231	其他应收款	5 400.00		12 000.00		
1321	受托代销商品	200 000.00				
1241	坏账准备		6 000.00		413.14	
1402	在途物资	159 650.00		167 440.00		
140201	广州徐记饼干厂			67 440.00		横线登记式
140202	江西美达公司			100 000.00		横线登记式
1403	原材料	35 726.40		39 876.60		
1406	库存商品	2 547 987.00		1 801 144.95		
140601	饼干类			20 551.96		三栏式类目账
14060101	—— 曲奇饼干			4 076.40		数量金额式 数量430盒 单价9.48
14060102	—— 夹心饼干			16 475.56		数量金额式 数量1388盒 单价11.87
140602	服装类			1 048 869.00		三栏式类目账
14060201	—— 女时装			612 720.00		数量金额式 数量2960套 单价207.00
14060202	—— 男西装			436 149.00		数量金额式 数量1505套 单价289.80
140603	食品组			21 299.99		联合式
140604	服装组			412 124.00		联合式
140605	首饰组			195 500.00		数量金额式 项链数量 23条 单价8500.00
140606	水果类			56 200.00		三栏式
140607	水产类			46 600.00		三栏式
1407	发出商品	21 000.00		71 400.00		
1408	委托代销商品			42 500.00		
1410	商品进销差价		135 083.86		191 014.19	
141001	食品组				6 816.99	联合式
141002	服装组				121 637.20	联合式
141003	首饰组				62 560.00	三栏式
1412	周转材料	83 619.20		96 824.00		
1461	存货跌价准备		2 080.00		2 000.00	

续表

科目代码	账户名称	1月1日余额		12月1日余额		备注
		借方	贷方	借方	贷方	
1521	持有至到期投资	330 000.00		465 000.00		
1601	固定资产	2 012 900.00		2 678 555.00		
1602	累计折旧		328 000.00		351 000.00	
1701	无形资产	174 100.00		191 000.00		
1702	累计摊销		33 100.00		43 450.00	
1901	待处理财产损溢					
2001	短期借款				285 000.00	
2201	应付票据		355 900.00		63 000.00	
2202	应付账款		170 000.00		37 500.00	
220201	广州徐记饼干厂				45 000.00	三栏式
220202	上海虹桥公司			7 500.00		三栏式
2205	预收账款				12 500.00	
220501	成都南方公司				15 000.00	三栏式
220502	深圳大明商场			2 500.00		三栏式
2211	应付职工薪酬		27 043.92		28 267.56	
2221	应交税费		52 029.22		65 406.40	应交增值税多栏式
2231	应付利息				8 893.00	
2232	应付股利		200 100.50			
2241	其他应付款		9 523.50		6 252.50	
2314	代销商品款		200 000.00			
2601	长期借款				72 825.30	
4001	实收资本		5 780 000.00		5 800 000.00	
4002	资本公积		51 250.00		29 798.00	
4101	盈余公积		125 540.00		231 087.00	
4103	本年利润				566 765.27	
4104	利润分配		88 170.00		88 170.00	
合计		7 754 821.00	7 754 821.00	7 883 342.36	7 883 342.36	

2. 燕华商贸有限公司2013年损益类账户发生额表（单位：元）如下表所示。

科目代码	账户名称	1～11月借方发生额	1～11月贷方发生额	备注
6001	主营业务收入		16 792 960.65	多栏式：批发：饼干类、服装类；零售：食品组、服装组、首饰组；水果类、水产类
6051	其他业务收入		134 800.00	
6111	投资收益		12 585.50	
6301	营业外收入		18 100.00	
6401	主营业务成本	14 503 160.28		多栏式:同主营业务收入
6402	其他业务支出	35 780.67		

续表

科目代码	账户名称	1～11月借方发生额	1～11月贷方发生额	备注
6405	营业税金及附加	26 994.34		
6601	销售费用	870 920.64		多栏式：职工薪酬、保险、包装费、广告费、运杂费、展销费、其他
6602	管理费用	678 480.50		
6603	财务费用	61 306.77		
6701	资产减值损失	7 110.96		
6711	营业外支出	19 004.96		
6801	所得税费用	188 921.76		

注：开设账页时，总分类账全部开设，明细分类账按备注栏的提示开设，备注栏无说明的，均不开设。

（三）相关业务及原始凭证

燕华商贸有限公司2013年12月份发生的有关经济业务及原始凭证如下。

1. 1日，零售商场向本市云霞湖服装厂购进商品，服装组验收商品，支票结算。

2. 2日，零售商场向深圳美佳食品厂购进商品，收到委托收款单的付款通知，承付价税款，商品未入库。

3. 2日，批发部向东莞益达食品厂购进饼干类商品，商品已验收，电汇结算。

4. 2日，零售商场向东莞洪丽针织厂购进商品，服装组验收商品，商业汇票结算。

5. 2日，采购员预支去深圳出差的差旅费。

6. 3日，批发部销售给新加坡新顺贸易公司销售服装类商品，货已发出。将发票连同信用证及其他有关单证，提交中国银行办理结算。当日市场汇价为1美元=6.42元人民币。出口退税率为13%。

男西装　800套　单价　80美元（离岸价）　64000美元

7. 3日，零售商场向上海蓝天公司购进商品，商品未入库。

8. 4日，食品组转来2日所购商品的验收单及溢缺报告单。

9. 4日，批发部向中山兴旺食品公司购进饼干类商品，收到委托收款单的付款通知，承付价税款，商品未入库。

10. 4日，水产部向本市黄沙水产公司购入商品，水产部验收商品，支票结算。

11. 4日，到银行办理银行汇票一张，收款人是中山兴旺食品公司。

12. 5日，批发部转来4日购进饼干类商品的验收单及商品溢缺报告单。

13. 5日，食品组转来3日购进商品的验收单。

14. 6日，批发部业务员持汇票到中山兴旺食品公司购进商品，商品未入库。

15. 6日，批发部向本市安华商场销售饼干类商品，支票结算。

16. 6日，将购货的预付货款汇给中山兴旺食品公司。

17. 7日，银行转来银行汇票多余款收账通知单，多余款项已收入账。

18. 7日，用支票支付广告费。

19. 7日，根据商品受托代销合同接受顺意服装厂女时装的代销业务，合同规定该女时装的协议价为210元，销售单价为260元，每月月末向委托方开具代销商品清单，服装组已收到商品。

20. 7 日，开户银行转来电子报税付款通知，交纳所得税、增值税、营业税、城市维护建设税、教育费附加费。

21. 7 日，服装组转来商品内部调拨单，从批发部调入男西装。

22. 7 日，采购员报销差旅费，并以现金补足其 2 日的预支款。

23. 7 日，批发部向中山兴旺食品公司购进饼干类商品，商品已验收，收到委托收款单的付款通知（注：是冲抵预付货款后的余额），承付价税款。

24. 8 日，批发部与大新商场订立合同，在合同中向购货方承诺如下现金折扣条件：1/20、N/30。

25. 10 日，转来上旬销货日报表汇总表，将所有的现金、信用卡和转账支票当天解存银行。

燕华商贸有限公司零售商场商品销货款（含税）情况

2013年 12 月 10 日　　单位：元

柜组	销售金额	实收金额	现金收入	信用卡收入	转账支票	现金溢余	现金短缺
食品组	12,560	12,560	10,660	1,900			
服装组	287,500	287,500	263,930	5,570	18,000		
小计	300,060	300,060	274,590	7,470	18,000		
首饰组	102,000	102,000	59,500	25,500	17,000		注:项链数量12条
合计	402,060	402,060	334,090	32,970	35,000		

制表：王波

26. 10 日，零售商场向中山丰达制衣公司购进商品，开出 1 个月期限、无息的银行承兑汇票。经审核无误，同意承付，商品未入库。

27. 10 日，批发部向上海蓝天公司购进服装类商品，款未付，商品未入库。

28. 11 日，批发部转来 10 日购进服装类商品的验收单。

29. 11 日，批发部根据合同分两期收款销售给衡阳市万联商场饼干类商品，发出商品。

30. 12 日，批发部向衡阳万联商场销售服装类商品，已办妥托收手续。

31. 12 日，服装组转来 10 日购进商品的验收单。

32. 13 日，向果农收购水果，现金付讫。

33. 13 日，零售商场向顺德鑫金公司购进项链，商品已验收，电汇结算。

34. 14 日，收到银行收账通知：向衡阳市万联商场托收的货款已入账。

35. 15 日，批发部转来 5 日入库商品溢缺的处理意见。

36. 15 日，业务部门送来报账发票，填制费用报销单，以现金补足备用金。

37. 15 日，以存款发放工资。

38. 15 日，批发部向中山兴旺食品公司购进饼干类商品，商品已验收，信汇结算。

39. 15 日，批发部按合同约定的收款日期收取 11 日的销货款。

40. 15 日，水产部、水果部转来上半月门市销货收入，将现金当天解存银行。

41. 15 日，向本市徐记饼干厂购进饼干类商品，商品已验收，款未付。

42. 15 日，衡阳市万联商场发现 12 日所购 800 套女时装布料有瑕疵，要求给予一定的折让，经协商，在价格上给予其20%的折让。

43. 16 日，批发部向韶关宏达商场销售饼干类商品，收到银行汇票一张。

44. 16 日，食品组转来4 日入库商品溢缺的处理意见：短少曲奇饼干55 盒属对方少发货，经协商，由其退还55 盒的价税款，款项尚未收到。

45. 16 日，批发部转来11 日入库商品溢缺的处理意见；短少女时装5 套属对方少发货，经协商，由其补发商品。

46. 16 日，按工资总额的22. 5%、12%、2%分别计提统筹的养老保险金、医疗保险金和失业保险金。

47. 16 日，按工资总额的7%计提住房公积金。

48. 16 日，按工资总额的2%、1. 5%和14%分别计提工会经费、职工教育经费和职工福利费。

49. 18 日，批发部向恰愉专卖店销售服装类商品，刷卡结算。

50. 20 日，转来中旬销货日报表汇总表，将所有的现金、信用卡和转账支票当天解存银行。

燕华商贸有限公司零售商场商品销货款（含税）情况

2013 年 12 月 20 日　　　　单位：元

柜组	销售金额	实收金额	现金收入	信用卡收入	转账支票	现金溢余	现金短缺
食品组	24,190	24,140	21,250	2,890			50
服装组	190,740	190,740	135,170	49,570	6,000		
小计	214,930	214,880	156,420	52,460	6,000		50
首饰组	42,500	42,500	25,500	8,500	8,500		注:项链数量5条
合计	257,430	257,380	181,920	60,960	14,500		50

制表：王波

51. 20 日，批发部由于商品进货成本调整，通知韶关宏达商场16 日向其销售的饼干类商品进行调价。

52. 20 日，将从职工工资中代扣的工会经费和企业计提的工会经费划拨本公司工会。

53. 20 日，将从职工工资中代扣的住房公积金和企业计提的住房公积金划拨市公积金管理中心。

54. 20 日，与市红叶服装加工厂签订加工商品合同，为女时装绣花、加花边，已将一批女时装拨给加工厂。

55. 21 日，恰愉专卖店提出18 日所购服装类商品款式与合同严重不符，要求全部退货，经协商同意退货。

56. 22 日，批发部向深圳美佳食品厂购进饼干类商品，商品未入库。

57. 22 日，零售商场向东莞大华食品公司购进商品，食品组验收商品。

58. 22 日，将从职工工资中代扣的养老保险金、医疗保险金、失业保险金和企业计提的养老保险金、医疗保险金、失业保险金一并划拨市社会保险事业基金结算管理中心。

59. 22 日，实行独立核算的连锁店天河分店开业，向其拨付经营费用。

60. 22 日，支票预付明年的财产保险费。

61. 22 日，归还开户银行今日到期的短期借款。

62. 22 日，提取现金补足业务部门备用金。

63. 23 日，转来 20 日现金长短款的处理意见：食品组现金短款是收款人张华的责任，由张华赔偿，赔偿款尚未收到。

64. 23 日，批发部 22 日购进的饼干类商品验收时发现夹心饼干已全部压碎，决定全部拒收。

65. 23 日，以手续费方式委托中山恒宇商场代销商品，批发部发出商品。

66. 25 日，银行转来专用收款凭证及电力公司发票，支付电费。

67. 25 日，购进货柜，以支票付款。

68. 25 日，仓库转来百货组领用货柜的领料单，按五五摊销法摊销。

69. 25 日，经与深圳美佳食品厂协商，将 23 日到货的饼干类商品全部退货。

70. 26 日，银行转来付款通知及电信公司的发票联，支付通信费。

71. 26 日，开户银行转来计付利息清单付款通知联，查前两个月已预提短期借款利息 8 893元。

72. 26 日，预计本月份实现利润 65 000 元，所得税税率为 25%，预交本月份所得税 16 250元。

73. 26 日，开户银行转来计收利息清单收款通知联。

74. 28 日，服装组转来验收单（所收商品系向晶丽公司购进，至月末结算单据仍未到达）。

75. 28 日，收到大新商场开来的转账支票，系支付前欠货款及增值税款。

76. 29 日，支票支付红叶服装加工厂委托加工费。

77. 30 日，商场转来低值易耗品报废申请单。

78. 30 日，与开户银行签订短期借款合同。

79. 30 日，批发部转来商品可变现净值低于成本报告单。

80. 30 日，以现金向税务局购买印花税票，粘贴在经济合同和账簿上。

81. 30 日，仓库转来固定资产报废申请单。

82. 30 日，水产部、水果部转来下半月门市销货收入，将现金当天解存银行。

83. 30 日，零售商场接到东莞大华食品公司销货更正单，经查 22 日所购商品均未售出。

84. 31 日，转来下旬销货日报表汇总表，将所有的现金、信用卡和转账支票当天解存银行。

燕华商贸有限公司零售商场商品销货款（含税）情况

2013 年 12 月 20 日　　　　单位：元

柜组	销售金额	实收金额	现金收入	信用卡收入	转账支票	现金溢余	现金短缺
食品组	13,952.50	13,962.50	4，000	5,440	4,522.50	10	
服装组	112,544	112,544	105,394	7,150			
小计	126,496.50	126,506.50	109,394	12,590	4,522.50	10	
首饰组	59,500	59,500	34,000	17,000	8,500		注:项链数量7条
合计	185,996.50	186,006.50	143,394	29,590	13,022.50	10	

制表：王波

经查食品组长款是由于找零而多收，做企业的收益处理。

85. 31 日，零售商场转来商品盘点短缺溢余报告单。

86. 31 日，职工周伟报销家属医药费，陈红申请困难补助。

87. 31 日，兴顺公司还来本公司出借的塑料包装箱，包装箱已验收入库。退还兴顺公司包装物的押金，塑料包装箱采用一次摊销法。

88. 31 日，总务部门转来耗用原材料汇总表。

89. 31 日，因天华商场已破产，其应收账款无法收回，经批准列做坏账。

90. 31 日，根据本月份工资结算汇总表编制工资分配表，并据以分配工资。

91. 31 日，服装组销售委托代销的女时装，收到现金。向顺意服装厂开具代销清单，收到顺意服装厂开来的专用发票，当即签发支票支付全部账款。

92. 31 日，出售报废叉车给江海公司，收到转账支票，叉车清理完毕。

93. 31 日，零售商场转来商品盘点短缺溢余的处理意见。

94. 31 日，摊销应由本月份负担的财产保险费。

95. 31 日，红叶服装加工厂送来加工完毕的女时装，仓库验收全部合格。

96. 31 日，尔乐酒楼开来发票，系本公司招待客户费用。

97. 31 日，食品组报来即将到期商品的削价处理方案。

98. 31 日，水产组从市隆鑫水产公司购进水产品一批，商品未入库。

99. 31 日，上月 30 日购进国债，准备持有至到期，一次还本付息，预计该债券本年利息并入账。

100. 31 日，用平均年限法分类计提本月份固定资产折旧（营业厅和营业设备有 20% 出租给星辉公司）。

101. 31 日，价格管理部门下达商品调价文件。

102. 31 日，开户银行转来支付结算手续费的收据。

103. 31 日，开户银行转来电汇收账通知，系南山服装厂未能按经济合同供货的赔偿金。

104. 31 日，收到中山恒宇商场交来本月代销商品清单，据以填制专用发票。

105. 31 日，连锁店天河分店上交利润。

106. 31 日，按年末市场汇价 1 美元 =6. 45 元人民币，调整外币账户余额。

107. 31 日，结转本月份批发部、水产部商品的销售成本。

108. 31 日，结转本月份零售商场已销商品的进销差价。

109. 31 日，调整本月份零售商品的销售收入。

110. 31 日，摊销应由本月份负担的商标权和土地使用权费用。

111. 31 日，按 5‰的坏账准备率计提本月份坏账准备。

112. 31 日，本公司有计算机 3 台，每台原值 12 000 元，已提折旧 4 120 元，现由于市价持续下滑，每台可收回金额仅为 4 800 元，计提其减值准备。

113. 31 日，本公司拥有房产原值 1 380 600 元，允许减除 20% 计税，房产税年税率为 1. 2%，出租商场的租金收入，按租金收入的 12% 计提房产税。拥有 2. 5 吨客货两用车 2 辆，当地载货汽车年税额 50 元/吨，乘人汽车年税额 200 元/辆。分别计提本月份应交房产税和车船使用税。

114. 31 日，计算本月份应交增值税，将其转入未交增值税。

115. 31 日，计提应交城市维护建设税和教育费附加。

116. 31 日，将损益类账户余额结转至本年利润。

117. 31 日，年终汇算确认本期所得税费用。该公司 2013 年 1 ~ 11 月共实现利润总额 566 765. 27 元，已提所得税额 188 921. 76 元，全年计税工资总额为 420 000 元；1 ~ 11 月累计发放工资 382 000 元，全年共发生非公益性的捐赠 3 000 元；1 ~ 11 月取得的投资收益 12 585. 50 元均为国债利息收入。计提本月份应交所得税额，并将所得税费用结转至本年利润。

118. 31 日，按全年净利润的 10% 计提法定盈余公积；按 8% 计提任意盈余公积；按 75% 计提应分配给投资者的利润。

119. 31 日，将本年利润余额和利润分配各明细账余额结转至利润分配——未分配利润。

1.1/4

广东增值税专用发票

No 00150368

发 票 联

开 票 日 期：2013 年 12 月 1 日

购货单位	名　　　称：燕华商贸有限公司 纳税人识别号：4400018631465 地 址、电 话：广州市中山三路154号 83487965 开户行及账号：工商银行越秀支行010-0134-10012335766				密码区	（略）	
货物或应税劳务名称	规格型号	单位	数量	单价	金　额	税率	税　额
男西装	（略）	套	300	300	90000.00	17%	15300.00
合　　计					¥90000.00		¥15300.00
价税合计（大写）	壹拾万伍仟叁佰元整						（小写）¥105,300.00
销货单位	名　　　称：云霞湖服装厂 纳税人识别号：44000514034519 地 址、电 话：81276576 开户行及账号：工商银行020-5967328967				备注		

收款人：张如文　　复核：李小双　　开票人：陈小艺　　销货单位：

第三联：发票联 购货方记账凭证

注：增值税专用发票的抵扣联从略，以下业务同此。

1.2/4

收　　货　　单

编号：1003001

收货部门：服装组　　2013 年 12 月 1 日　　供货单位：云霞湖服装厂

商品名称	购进价格				零售价格				进销差价
	单位	数量	单价	金额	单位	数量	单价	金额	
男西装	套	300	300	90000.00	套	300	380	114,000	24,000
合　计				¥90,000.00				¥114,000	¥24,000

结算联

收货人：王静芳

1.3/4

收　　货　　单

编号：1003001

收货部门：服装组　　2013 年 12 月 1 日　　供货单位：云霞湖服装厂

商品名称	购进价格				零售价格				进销差价
	单位	数量	单价	金额	单位	数量	单价	金额	
男西装	套	300	300	90000.00	套	300	380	114,000	24,000
合　计				¥90,000.00				¥114,000	¥24,000

入库联

收货人：王静芳

1.4/4

中国工商银行 支 票 存 根 XVI0013698019
附加信息
出票日期 2013 年12 月1 日
收款人：云霞湖服装厂
金　额：¥105,300.00元
用　途：购货
单位主管 郑顺义 会计 钱小亚

2.1/4

国际货物运输代理业专用发票

发 票 联

付款单位 深圳美佳食品厂　　开票日期 2013年12月2日

航次/单位/车次/　　提运单号No 117834

内容(货物名称、数量、单价)	金　额	备注
运费	人民币：350.00	
金额合计(大写) 人民币：叁佰伍拾元整	合计：¥350.00	

第二联：付款方记账

企业签章：（中山货运公司 发票专用章）　工商登记号　复核：张美　制单：陈小雨

税务登记号：0017563

2.2/4

广东增值税专用发票　No 00451287

发 票 联（全国统一发票监制章 国家税务总局监制）　开 票 日 期：2013 年 12月 2 日

购货单位	名　　称：燕华商贸有限公司 纳税人识别号：4400018631465 地 址、电 话：广州市中山三路154号 83487965 开户行及账号：工商银行越秀支行010-0134-10012335766	密码区	（略）

货物或应税劳务名称	规格型号	单位	数量	单价	金 额	税率	税 额
夹心饼干	（略）	盒	500	12.50	6250.00	17%	1062.50
曲奇饼干		盒	300	10.00	3000.00	17%	510.00
合　计					¥9250.00		¥1572.50
价税合计（大写）	壹万零捌佰贰拾贰元伍角零分				（小写）¥10,822.50		

销货单位	名　　称：深圳美佳食品厂 纳税人识别号：44000514134695 地 址、电 话：81276575 开户行及账号：建行021-259-039	备注	

第三联：发票联 购货方记账凭证

收款人：李田山　复核：张蒙　开票人：陈波　销货单位：（深圳美佳食品厂 发票专用章）

2.3/4

委电　**委托收款凭证（付款通知）** 5　委托号码：第C0302号

委托日期：2013 年 12 月 2 日　付款日期：2013 年 12 月 2 日

收款人	全　称	深圳美佳食品厂			付款人	全　称	燕华商贸有限公司
	账号或地址	021-259-039				账号或地址	010-0134-10012335766
	开户银行	建行	行号	039		开户银行	工商银行越秀支行

委收金额	人民币（大写）	壹万壹仟壹佰柒拾贰元伍角零分	千	百	十	万	千	百	十	元	角	分
					¥	1	1	1	7	2	5	0

款项内容	货款	委托收款凭证名称		寄单证张数	2张
备注：			付款人注意： 1. 应于见票当日通知开户行划款。 如需拒付，应在规定的期限内 将拒付理由书并附债务证明退交开户银行。		

（中国工商银行越秀支行 2013.12.2 转讫）（电划）

单位主管：　会计：　复核：　记账：　付款人开户行收到日期 2013 年 12 月 2 日

（2013.12.2 业务章）

此联付款人开户行给付款人按期付款的通知

2.4/4

收 货 单

编号：1003002

收货部门：食品组　　2013年 12月 2日　　供货单位：深圳美佳食品厂

商品名称	购进价格				零售价格				进销差价
	单位	数量	单价	金额	单位	数量	单价	金额	
夹心饼干	盒	500	12.50	6250.00	盒	500	16.50	8250.00	2000
曲奇饼干	盒	300	10.00	3000.00	盒	300	12.80	3840.00	840
合　计				¥9,250.00				¥12,090	¥2,840

结算联

收货人：孙红梅

3.1/4

广东增值税专用发票

No 00451287

发票联　（国家税务总局监制 全国统一发票监制章）

开票日期：2013年12月2日

购货单位	名　　称：燕华商贸有限公司 纳税人识别号：4400018631465 地址、电话：广州市中山三路154号 83487965 开户行及账号：工商银行越秀支行010-0134-10012335766				密码区	（略）	
货物或应税劳务名称	规格型号	单位	数量	单价	金额	税率	税额
夹心饼干	（略）	盒	800	11.80	9440.00	17%	1604.80
曲奇饼干		盒	400	9.88	3952.00	17%	671.84
合　计					¥13392.00		¥2276.64
价税合计（大写）	壹万伍仟陆佰陆拾捌元陆角肆分					（小写）¥15,668.64	
销货单位	名　　称：东莞益达食品厂 纳税人识别号：44000514031695 地址、电话：82276175 开户行及账号：工商银行618954678052413				备注	（东莞益达食品厂 发票专用章）	

第三联：发票联 购货方记账凭证

收款人：张波　　复核：李文娜　　开票人：陈可鑫　　销货单位：

3.2/4

收 货 单

编号：01104

收货部门：批发部　　2013年12月2日　　供货单位：东莞益达食品厂

货号	品名	规格	单位	应收数量	实收数量	单价	金额
（略）	夹心饼干		盒	800		11.80	9，440.00
（略）	曲奇饼干		盒	400		9.88	3，952.00
合计							¥13，392.00
商品类别：食品类							

结算联

收货人：刘　刚

3.3/4

收　货　单

编号：01104

供货单位：东莞益达食品厂　　2013年12月2日　　存放地点：批发部仓库

货　号	品　　名	规　格	单　位	应收数量	实收数量	单　价	金　额
（略）	夹心饼干		盒	800	800	11.80	9,440.00
	曲奇饼干		盒	400	400	9.88	3,952.00
合　计							¥13,392.00
商品类别：食品类							

入库联

收货人：刘　刚

3.4/4

中国工商银行　电汇凭证　4（收款通知或取款依据）　第　号

委托日期：2013 年12月2 日　　应解汇款编号：

收款人	全　称	东莞益达食品厂	汇款人	全　称	燕华商贸有限公司	
	账号或地址	618954678052463		账　号	010-0134-10012335766	
	开户银行	工行　汇出行名称		开户银行	工行越秀支行　汇入行名称	
汇票金额（人民币大写）		壹万伍仟陆佰陆拾捌元陆角肆分			千百十万千百十元角分：¥1566864	
汇出用途：支付货款（饼干）						
上列款项已代进账，如有错误，请持此联，来行面洽 （汇入行盖章） 年　月　日		上列款项已照收无误 收款人盖章 年　月　日		科目 对方科目 汇入行解汇日期　年　月　日 复核　出纳 记账		

中国工商银行朝阳支行 2013.12.2 业务章

中国工商银行越华支行 2013.12.2 业务章

中国工商银行朝阳支行 2013.12.2 转讫

4.1/4

广东增值税专用发票

No 00450398

全国统一发票监制章 国家税务总局监制

发　票　联　　开 票 日 期：2013 年 12 月 2 日

购货单位	名　　称：燕华商贸有限公司 纳税人识别号：4400018631465 地 址、电 话：广州市中山三路154号 83487965 开户行及账号：工商银行越秀支行010-0134-10012335766				密码区	（略）	
货物或应税劳务名称	规格型号	单位	数量	单价	金　额	税率	税　额
女时装	（略）	套	150	210	31 500.00	17%	5355.00
男西装		套	130	310	40 300.00	17%	6851.00
合　　计					¥71800.00		¥12206.00
价税合计（大写）	捌万肆仟零陆元整					（小写）¥84,006.00	
销货单位	名　　称：东莞洪丽针织厂 纳税人识别号：44000514034518 地 址、电 话：81276573 开户行及账号：工商银行021-564-32335672366				备注		

第三联：发票联　购货方记账凭证

收款人：李文山　　复核：张越　　开票人：陈岩　　销货单位：

东莞洪丽针织厂 发票专用章

4.2/4

收　货　单

编号：1003003

收货部门：服装组　　　　2013 年 12 月 2 日　　　　供货单位：东莞洪丽针织厂

商品名称	购进价格				零售价格				进销差价
	单位	数量	单价	金额	单位	数量	单价	金额	
女时装	套	150	210	31,500	套	150	260	39,000	7,500
男西装	套	130	310	40,300	套	130	380	49,400	9,100
合　计				¥71,800				¥88,400	¥16,600

入库联

收货人：孙红梅

4.3/4

收　货　单

编号：1003003

收货部门：服装组　　　　2013 年 12 月 2 日　　　　供货单位：东莞洪丽针织厂

商品名称	购进价格				零售价格				进销差价
	单位	数量	单价	金额	单位	数量	单价	金额	
女时装	套	150	210	31,500	套	150	260	39,000	7,500
男西装	套	130	310	40,300	套	130	380	49,400	9,100
合　计				¥71,800				¥88,400	¥16,600

结算联

收货人：孙红梅

4.4/4

商业承兑汇票

签发日期贰零壹叁年拾贰月零贰日　　　　汇票号码：10762

收款人	全　称	东莞洪丽针织厂	付款人	全　称	燕华商贸有限公司	
	账号或地址	021-564-32335672366		账号或地址	010-0134-10012335766	
	开户银行	工商银行		开户银行	工行越秀支行	行号

汇票金额	人民币（大写）	千	百	十	万	千	百	十	元	角	分
	捌万肆仟零陆元整			¥	8	4	0	0	6	0	0

汇票到期日	贰零壹叁年拾贰月零贰日	交易合同号码	324561003
本汇票已由本单位承兑，到期日无条件支付票款 此致 承兑人盖章 承兑日期：2013 年 12 月 2 日		出票人盖章： 负责	

中国工商银行越秀支行 2013.12.2 汇票专用章

5.1/2

中国工商银行
支 票 存 根
XVI0013698020
附加信息

出票日期 2013 年 12 月 2 日

收款人：	燕华商贸有限公司
金　额：	¥2,000.00
用　途：	差旅费

单位主管：郑顺文 会计：张小丽

5.2/2

借　支　单

2013 年 12 月2 日

借 款 人	王林森	部门	采购部	职务	采购员
借款理由	采购商品借支差旅费				
借款金额	人民币(大写) 贰仟元整　　¥2 000.00				
核　　准	张丽荣				

现金付讫

6.1/1

燕华商贸有限公司
YANHUA TRADING COMPANY

中山三路154号
154 ZHONG SHAN ROAD
广州　　中国

Guang zhou China

发票代码
Invoice Code 231000075123

新顺贸易公司
XINSHUN TRADING COMPANY
海德大街218号
218 HYDE ROAD
新加坡
SINGAPORE

电传：86-21-64390011　电话：62567890
FAX：86-21-64390011　TEL：62567890

发　　票
INVOICE

发票号码
Invoice Number 98B02002
定单或合约号码
Sales Confirmation No.AE—017
发票日期
Date of InvoiceDEC.6.2013

装船口岸 From 广州 GUANGZHOU　　目的地 TO 新加坡 SINGAPORE

信用证号码 Letter of Credit No. LC0021—10557　　开证银行 Issued by 新加坡利华德信用储蓄有限公司 LEAWORD TRUST AND BANKING CO.LTD.SINGAPORE

唛头号码 Marks & Numbers	数量与货品名称 Quantities and Description	总　值 Amount
	FOB	SHANGHAI
 No. 36—5	男西装 MEN'S SUITS 800套　单价 80美元/套 800PCS　USD80/PC 800套男西装装于黄河号船上 800PCS OF HUANGHE BOAT 800套男西装装入80个纸板箱 800PCS IN 80 CARTON CASES	USD 64 000.00

燕华商贸有限公司 发票专用章

燕华商贸有限公司
YANHUA TRADING COMPANY

7.1/2

广东增值税专用发票

No 00150368

发 票 联　　全国统一发票监制章 国家税务总局监制

开票日期：2013年12月3日

购货单位	名　　称：燕华商贸有限公司 纳税人识别号：4400018631465 地 址、电 话：广州市中山三路154号 83487965 开户行及账号：工商银行越秀支行010-0134-10012335766	密码区	（略）

货物或应税劳务名称	规格型号	单位	数量	单价	金额	税率	税额
曲奇饼干	（略）	盒	300	9.12	2736.00	17%	465.12
合　计					¥2736.00		¥465.12
价税合计（大写）	叁仟贰佰零拾壹元壹角贰分				（小写）¥3,201.12		

销货单位	名　　称:上海蓝天公司 纳税人识别号：24054186314651 地 址、电 话:上海市南京路154号 83481965 开户行及账号:工商银行南京路支行022-134-123356	备注	上海蓝天公司 发票专用章

收款人：张友　　复核：李伟　　开票人：陈艺　　销货单位：发票专用章

第三联：发票联 购货方记账凭证

7.2/2

收　货　单

编号：1003004

收货部门：食品组　　2013年12月3日　　供货单位：上海蓝天公司

商品名称	购进价格				零售价格				进销差价
	单位	数量	单价	金额	单位	数量	单价	金额	
曲奇饼干	盒	300	9.12	2,736	盒	300	12.80	3,840	1,104
合　计				¥2,736				¥3,840	¥1,104

结算联

收货人：王静芳

8.1/2

收　货　单

编号：1003005

收货部门：食品组　　2013年12月4日　　供货单位：深圳美佳食品厂

商品名称	购进价格				零售价格				进销差价
	单位	数量	单价	金额	单位	数量	单价	金额	
夹心饼干	盒	500	12.50	6,250.00	盒	500	16.50	8,250.00	2000.00
曲奇饼干	盒	245	10.00	2,450.00	盒	245	12.80	3,136.00	686.00
合　计				¥8,700.00				¥11,386.00	¥2,686.00

入库联

收货人：孙红梅

8.2/2

商品购进短缺溢余报告单

2013 年 12 月 4 日　　　　编号：03781

货号	品名	单位	应收数量	实收数量	单价	短缺		溢余	
						数量	金额	数量	金额
	曲奇饼干	盒	300	245	10.00	55	550.00		
合　计							¥550.00		
供货单位：深圳美佳食品厂 专用发票号码：				处理意见：		溢余或短缺原因：待查			

制单：孙红梅

9.1/3

广东增值税专用发票

No 00451258

全国统一发票监制章 国家税务总局监制

发　票　联

开票日期：2013 年 12 月 4日

购货单位	名　　称：燕华商贸有限公司 纳税人识别号：4400018631465 地址、电话：广州市中山三路154号 83487965 开户行及账号：工商银行越秀支行010-0134-10012335766	密码区	（略）

货物或应税劳务名称	规格型号	单位	数量	单价	金额	税率	税额
夹心饼干	（略）	盒	1500	12.00	18000.00	17%	3060.00
曲奇饼干		盒	600	9.50	5700.00	17%	969.00
合　计					¥23700.00		¥4029.00
价税合计（大写）	贰万柒仟柒佰贰拾玖元整					（小写）¥27,729.00	

销货单位	名　　称：中山兴旺食品公司 纳税人识别号：44000589039845 地址、电话：42276577 开户行及账号：建设银行 220-1230-5673	备注	

收款人：李浩　　复核：张月　　开票人：陈小丽　　销货单位：中山兴旺食品公司 发票专用章

第三联：发票联 购货方记账凭证

9.2/3

委电

委托收款凭证（付款通知）5

委托号码：第C0302号

委托日期：2013 年 12 月 4 日　　付款日期：2013 年 12 月 4 日

收款人	全称	中山兴旺食品公司		付款人	全称	工商银行越秀支行
	账号或地址	220-1230-5673			账号或地址	010-0134-10012335766
	开户银行	建行	行号 039		开户银行	工商银行越秀支行

委收金额	人民币（大写）	贰万柒仟柒佰贰拾玖元整	千	百	十	万	千	百	十	元	角	分
					¥	2	7	7	2	9	0	0

款项内容	货款	委托收款凭证名称		寄单证张数	2张
备注：			付款人注意： 1. 应于见票当日通知开户行划款。 如需拒付，应在规定的期限内，将拒付理由书并附债务证明退交开户银行。		

单位主管：　会计：　复核：　记账：　付款人开户行收到日期 2013 年 12 月 4 日

中国工商银行越秀支行 2013.12.4 转讫

电划

中国建设银行中山支行 2013.12.4 业务章

此联付款人开户行给付款人按期付款的通知

9.3/3

收　货　单

编号：1003006

收货部门：批发部　　2013 年　12 月　4　日　　供货单位：中山兴旺食品公司

货号	品　名	规格	单位	应收数量	实收数量	单价	金额
	夹心饼干		盒	1500		12.00	18,000.00
	曲奇饼干		盒	600		9.50	5,700.00
合计							¥23,700.00
商品类别：食品类							

结算联

收货人：刘　刚

10.1/4

收　货　单

编号：01105

供货单位：黄沙水产公司　　2013 年 12 月 4日　　存放地点：批发部仓库

货号	品　名	规格	单位	应收数量	实收数量	单价	金额
	黄鱼		千克	100		18.00	1,800
合计							¥1,800
商品类别：水产类							

结算联

收货人：刘　刚

10.2/4

收　货　单

编号：01105

供货单位：黄沙水产公司　　2013 年 12 月 4 日　　存放地点：批发部仓库

货号	品　名	规格	单位	应收数量	实收数量	单价	金额
	黄鱼		千克	100		18.00	1,800
合计							¥1,800
商品类别：水产类							

入库联

收货人：刘　刚

10.4/4

广东增值税专用发票

No 00451258

（印章：全国统一发票监制章 国家税务总局监制）发 票 联

开票日期：2013 年 12 月 4 日

购货单位	名　　称：燕华商贸有限公司 纳税人识别号：4400018631465 地　址、电　话：广州市中山三路154号 83487965 开户行及账号：工商银行越秀支行010-0134-10012335766				密码区	（略）	
货物或应税劳务名称	规格型号	单位	数量	单价	金额	税率	税额
黄鱼	（略）	千克	100	18.00	1800.00	17%	306.00
合　　计					¥1800.00		¥306.00
价税合计（大写）	贰仟壹佰零陆元整				（小写）¥2, 106.00		
销货单位	名　　称：黄沙水产公司 纳税人识别号：44000536034695 地　址、电　话：82686980 开户行及账号：工商银行　954678052423				备注		

收款人：李井　　复核：张宁　　开票人：陈新民　　销货单位：（印章：黄沙水产公司 发票专用章）

第三联：发票联 购货方记账凭证

10.3/4

中国工商银行 支 票 存 根 XVI0013698021
附加信息
出票日期 2013 年 12 月 4 日
收款人：黄沙水产公司
金　额：¥2106.00元
用　途：购货
单位主管：郑顺文　会计：张小亚

11.1/2

中国工商银行汇票申请书（存根） 1

第　号

申请日期　2013 年12月4日

申请人	燕华商贸有限公司	收款人	中山兴旺食品公司
账　号 或住址	010-0134-10012335766	账　号 或住址	220-1230-5673
用　途	采购商品	代　理 付款行	建行
汇票金额	人民币 （大写）壹万玖仟元整	千百十万千百十元角分	¥1900000

备　注

中国工商银行 越秀支行 2013.12.4 转 讫

科　目 采购商品

对方科目 其他货币资金——银行汇票

财务主管　　复核　　经办

11.2/2

付款期限
壹 个 月

银行汇票　2

编号：191716

出票日期：贰零壹叁 年 拾贰 月 零肆 日　代理付款行：　行号：

收款人：中山兴旺食品公司	
出票金额：人民币：（大写）　壹万玖仟元整	
实际结算金额：人民币：（大写）	千 百 十 万 千 百 十 元 角 分

申请人：燕华商贸有限公司　　账号：010013410012335766

出票行：工行越秀支行

备注：

出票行签章：

中国工商银行越秀支行 2013.12.4 汇票专用章

多余金额	左侧退回多余金额已收入你账户内
千 百 十 万 千 百 十 元 角 分	

此联出票行结清多余款后交申请人

12.1/2

收　货　单

编号：1003006

供货单位：中山兴旺食品公司　　2013 年 12 月 5 日　　存放地点：批发部仓库

货　号	品　名	规　格	单　位	应收数量	实收数量	单　价	金　额
（略）	夹心饼干		盒	1500	1400	12.00	16，800.00
	曲奇饼干		盒	600	650	9.50	6，175.00
合　计							¥22,975.00
商品类别：食品类							

入库联

收货人：刘　刚

12.2/2

商品购进短缺溢余报告单

2013年12月5日　　编号：00081

货号	品名	单位	应收数量	实收数量	单价	短缺		溢余	
						数量	金额	数量	金额
	夹心饼干	盒	1500	1400	12.00	100	1200		
	曲奇饼干	盒	600	650	9.50			50	475
合　计							¥1200		¥475

供货单位：中山兴旺食品公司
专用发票号码：
处理意见：
溢余或短缺原因：待查

制单：刘　刚

13.1/1

收　货　单

编号：1003004

收货部门：食品组　　2013 年 12 月 5 日　　供货单位：上海蓝天公司

商品名称	购进价格				零售价格				进销差价
	单位	数量	单价	金额	单位	数量	单价	金额	
曲奇饼干	盒	300	9.12	2736	盒	300	12.80	3840	1104
合　计				¥2,736				¥3,840	¥1,104

入库联

收货人：王静芳

14.1/4

广东增值税专用发票

No 00451278

（印章：全国统一发票监制章 国家税务总局监制）发　票　联　　开票日期：2013年12月6日

购货单位	名　　称：燕华商贸有限公司 纳税人识别号：4400018631465 地　址、电　话：广州市中山三路154号 83487965 开户行及账号：工商银行越秀支行010-0134-10012335766				密码区	（略）	
货物或应税劳务名称	规格型号	单位	数量	单价	金　额	税率	税　额
夹心饼干	（略）	盒	1000	11.50	11500.00	17%	1955.00
合　计					¥11500.00		¥1955.00
价税合计（大写）	壹万叁仟肆佰伍拾伍元整					（小写）¥13,455.00	
销货单位	名　　称：中山兴旺食品公司 纳税人识别号：44000589039845 地　址、电　话：42276577 开户行及账号：建行220-1230-5673				备注		

第三联：发票联 购货方记账凭证

收款人：李浩　　复核：张月　　开票人：陈小丽　　销货单位：（印章：中山兴旺食品公司 发票专用章）

14.2/4

收 货 单

编号：01106

供货单位：中山兴旺食品公司　　2012 年 12 月6日　　收货部门：批发部

货 号	品 名	规 格	单 位	应收数量	实收数量	单 价	金 额
（略）	夹心饼干		盒	1000		11.50	11,500.00
合 计							￥11,500.00
商品类别：食品类							

结算联

收货人：刘 刚

14.3/4

中国工商银行
银行汇票　　2

付款期限 壹 个 月

编号：191716

出票日期：贰零壹叁 年 拾贰 月零陆日　　代理付款行：　　行号：

收款人：中山兴旺食品公司										
出票金额：人民币：（大写） 壹万玖仟元整										
实际结算金额：人民币：（大写）壹万叁仟陆佰伍拾伍元整	千	百	十	万	千	百	十	元	角	分
			￥	1	3	6	5	5	0	0

申请人：燕华商贸有限公司　　账号：010013410012335766

出票行：工行越秀支行

备注：

出票行签章：

中国工商银行越秀支行 2013.12.6 汇票专用章

多余金额									左侧退回多余金额已收入你账户内
千	百	十	万	千	百	十	元	角	分

此联出票行结清多余款后交申请人

14.4/4

公路、内河货物运输业统一发票

全国统一发票监制章 发票联 国家税务总局监制

开票日期：2013 年 12 月 6 日

收货人及纳税人识别号　燕华商贸有限公司 4400018631465	承运人及纳税人识别号　中山兴旺食品公司（略）
发货人及纳税人识别号　中山兴旺食品公司（略）	主管税务机关及代码　（略）
运输项目及金额　运费 200.00	其他项目及金额
运费小计　￥200.00	其他费用小计(小写)
合计人民币(大写)　贰佰元整	

运输单位盖章：中山兴旺食品公司 发票专用章　　开票人：刘云

第一联：发票联

15.1/2

工商银行 **进账单** （回 单） 1

2013 年 12 月 6 日

出票人	全　　称	安华商场	收款人	全　　称	燕华商贸有限公司
	账　　号	025-96132		账　　号	010-0134-10012335766
	开户银行	建设银行		开户银行	工商银行越秀支行
金额	人民币（大写）	叁万玖仟肆佰贰拾玖元整		亿千百十万千百十元角分	¥3942900
票据种类	支票	票据张数	壹张		
票据号码					
	复核　　记账			开户银行盖章	

中国工商银行 越秀支行 2013.12.6 转讫

此联是开户银行交给持（出）票人的回单

15.2/2

广东增值税专用发票 **No 00450309**

全国统一发票监制章 国家税务总局监制

此联不做报销、扣税凭证使用　　开票日期：2013 年 12 月 6 日

购货单位	名　　称：安华商场 纳税人识别号：56000025432612 地址、电话：83672546 开户行及账号：025-96132					密码区	
货物或应税劳务名称	规格型号	单位	数量	单价	金额	税率	税额
曲奇饼干		盒	500	11.60	5800.00	17%	986.00
夹心饼干		盒	1800	15.50	27900.00	17%	4743.00
合　　计					¥33700.00		¥5729.00
价税合计（大写）	叁万玖仟肆佰贰拾玖元整						（小写）¥39,429.00
销货单位	名　　称：燕华商贸有限公司 纳税人识别号：4400018631465 地址、电话：广州市中山三路154号 83487965 开户行及账号：工商银行越秀支行 010-0134-10012335766					备注	

收款人：王芳　　复核：张辰　　开票人：王勇　　销货单位（章）

燕华商贸有限公司 发票专用章

第一联：记账联 销货方记账凭证

16.1/1

中国工商银行 信汇凭证 4 （收款通知或取款依据） 第　号

委托日期：2013 年 12 月 6 日　　应解汇款编号：

收款人	全　　称	中山兴旺食品公司		汇款人	全　　称	燕华商贸有限公司
	账号或地址	220-1230-5673			账　　号	010-0134-10012335766
	开户银行	建行	汇出行名称		开户银行	工商银行　汇入行名称
汇票金额（人民币大写）	壹万元整				千百十万千百十元角分	¥1000000
汇出用途：预付购货款						
上列款项已代进账，如有错误，请持此联，来行面洽 （汇入行盖章） 年　月　日	上列款项已照收无误 收款人盖章 年　月　日				科目 对方科目 汇入行解汇日期　年　月　日 复核　　出纳 记账	

中国工商银行 越秀支行 2013.12.6 转讫

17.1/1

中国工商银行

付款期限 壹个月

银行汇票(多余款收账通知) 4

编号：191716

出票日期：贰零壹叁年拾贰月零柒日 代理付款行：工行 行号：

收款人：中山兴旺食品公司

出票金额：人民币：(大写) 壹万玖仟元整

实际结算金额：人民币：(大写) 壹万叁仟陆佰伍拾伍元整	千	百	十	万	千	百	十	元	角	分
			¥	1	3	6	5	5	0	0

此联出票行结清多余款后交申请人

申请人：燕华商贸有限公司 账号：010013410012335766

出票行：工行越秀支行

备注：

出票行签章：

多余金额										左侧退回多余金额已收入你账户内
千	百	十	万	千	百	十	元	角	分	
		¥	5	3	4	5	0	0		

中国工商银行 越秀支行 2013.12.7 转讫

18.1/2

广东省广州市广告业发票

发票联 (全国统一发票监制章 国家税务总局监制)

0000702598

顾客名称：燕华商贸有限公司 2013年12月7日

项 目	单 位	数 量	单 价	金 额	备 注
广告费				20,000.00	
合 计				¥20,000.00	
合计人民币(大写)	贰万元整				

开票人：李志宏 收款人：李艳 收款单位：华联广告公司 发票专用章 (本发票手写无效)

第二联：发票(报销凭证)

18.2/2

中国工商银行
支票存根
XVI0013698022
附加信息

出票日期 2013年12月7日

收款人：	华联广告公司
金 额：	¥20,000.00
用 途：	广告费

单位主管 郑顺义 会计 张小丽

19.1/1

代销商品收货单

编号:0120111

委托单位：顺意服装厂 2013年12月7日 存放地点：服装组

货 号	品 名	规 格	单 位	应收数量	实收数量	单 位	金 额
	女衬装	中号	套	50	50	210.00	10,500.00
货 号							¥10,500.00
商品类别：服装类							

入库联

收货人：王静芳

20.1/1

中国工商银行广州市分行
电子报税付款通知

编号：000001

开户银行：工行越秀支行　　扣款日期：2013 年 12 月7 日　　收款国库：国家金库广州市白云区

纳税人代码		税务征收机关	白云区税务局
纳税人全称	蓝华商贸有限公司	银行账号	010-0134-10012335766
纳税流水号	税　种	税款所属时间	实 缴 税 额
	所得税	2013 年 11 月 1~31 日	17,174.70
	增值税	2013 年 11 月 1~31 日	42,047.00
	营业税	2013 年 11 月 1~31 日	1,800.00
	城市维护建设税	2013 年 11 月 1~31 日	3,069.29
	教育费附加	2013 年 11 月 1~31 日	1,315.41
合计金额	(大写)陆万伍仟肆佰零拾陆元肆角整		¥65,406.40
本付款通知经与银行对账单记录核对一致有效。		上述税款已经扣款，请与银行对账单核对一致。扣款银行（盖章）	

（印章：中国工商银行广州市分行越秀支行 2013.12.7 业务章）

21.1/1

商品内部调拨单

调入部门：服装组　　2013 年 12月7 日　　调出部门：批发部

品　名	计量单位	数量	零售价格		购进价格		商　品进销差价
			单价	金额	单价	金额	
男西装	套	80	380	30,400	289.80	23,184	7,216
合　计				30,400		23,184	7,216

审核：李文辉　　制单：张红霞

22.1/2

差 旅 费 报 销 单

2013 年 12 月 7 日

项目	火车费	汽车费	市内交通	旅馆费	住宿费	其他	合计
数量		5			2		
金额	/	260.00	/	/	1360.00	100.00	1720.00
人民币（合计）零 万 壹 仟 柒 佰 贰 拾 零 元 零 角 零 分							
出 差 事 由	采购商品		出差起止日期		11月 7 日 ~11月 13 日		
借款人	王林森	原借金额	2,000.00	实报金额	1,720.00	审批人	邓顺义

22.2/2

收　　据

2013 年 12 月 7 日

今收到王林森2,000元，其中现金280元，报销1,720元。

现金收讫

金额（大写）贰 仟 零 佰 零 元 零 角 零 分　　　¥2,000.00

出纳：王芳　　　　经手人：王林森

23.1/5

广东增值税专用发票

No 00156781

全国统一发票监制章　发票联　国家税务总局监制

开票日期：2013年12月7日

购货单位	名　　称：燕华商贸有限公司 纳税人识别号：4400018631465 地 址、电 话：广州市中山三路154号 83487965 开户行及账号：工商银行越秀支行010-0134-10012335766					密码区	（略）	
货物或应税劳务名称	规格型号	单位	数量	单价	金　额	税率	税　额	
夹心饼干	（略）	盒	1000	12.00	12000.00	17%	2040.00	
合　　计					¥12000.00		¥2040.00	
价税合计（大写）	壹万肆仟零肆拾元整					（小写）¥14,040.00		
销货单位	名　　称：中山兴旺食品公司 纳税人识别号：4000589039845 地 址、电 话：42276577 开户行及账号：建设银行220- 1230-5673					备注		

收款人：李浩　　复核：张月　　开票人：陈小丽　　销货单位：（中山兴旺食品公司 发票专用章）

第三联：发票联 购货方记账凭证

23.2/5

公路、内河货物运输业统一发票

全国统一发票监制章　发票联　国家税务总局监制

开票日期：2013年12月7日

收货人及纳税人识别号	燕华商贸有限公司 4400018631465	承运人及纳税人识别号	中山兴旺食品公司（略）
发货人及纳税人识别号	中山兴旺食品公司（略）	主管税务机关及代码	（略）
运输项目及金额	运费 150.00	其他项目及金额	
运费小计	¥ 150.00	其他费用小计(小写)	
合计人民币(大写)	壹佰伍拾元整		

运输单位盖章：（中山兴旺食品公司 发票专用章）　　　开票人：刘云

第一联：发票联

23.3/5 委电

委托收款凭证（付款通知） 5

委托号码：第C0307号

委托日期：2013 年 12 月 7 日　　付款日期：2013 年 12 月 7 日

收款人	全　称	中山兴旺食品公司	付款人	全　称	鑫华商贸有限公司
	账　号或地址	220-1230-5673		账　号或地址	010013410012335766
	开户银行	建行　行号 019		开户银行	工商行越秀支行
委收金额	人民币（大写）	肆仟壹佰玖拾元整		千百十万千百十元角分	￥419000
款项内容	货款	委托收款凭证名称	商业承兑汇票	寄单证张数	1张
备注：			付款人注意：应于见票当日通知开户行划款。如需拒付，应在规定的期限内，将拒付理由书并附债务证明退交开户银行。		

单位主管：　会计：　复核：　记账：　付款人开户行收到日期 2013 年 3 月 7 日

此联付款人开户行给付款人按期付款的通知

中国工商银行越秀支行 2013.12.7 转讫　电划

中国工商银行兴建支行 2013.12.7 业务章

23.4/5

收　货　单

编号：01107

供货单位：中山兴旺食品公司　　2013 年 12 月 7 日　　收货部门：批发部

货　号	品　名	规　格	单　位	应收数量	实收数量	单　价	金　额
（略）	夹心饼干		盒	1000		12.00	12,000.00
合　计							￥12,000.00
商品类别：食品类							

结算联

收货人：刘　刚

23.5/5

收　货　单

编号：01107

供货单位：中山兴旺食品公司　　2013 年 12月 7 日　　存放地点：批发部仓库

货　号	品　名	规　格	单　位	应收数量	实收数量	单　价	金　额
（略）	夹心饼干		盒	1000	1000	12.00	12,000.00
合　计							￥12,000.00
商品类别：食品类							

入库联

收货人：刘　刚

24.1/1

广东增值税专用发票

No 00450310

此联不做报销、扣税凭证使用　　开票日期：2013年12月8日

购货单位	名　　称：大新商场 纳税人识别号：560000254326 11 地址、电话：83672541 开户行及账号：025-96131					密码区	
货物或应税劳务名称	规格型号	单位	数量	单价	金额	税率	税额
夹心饼干		盒	1000	15.50	15500.00	17%	2635.00
曲奇饼干		盒	300	11.60	3480.00	17%	591.60
合　计					￥18980.00		￥3226.60
价税合计（大写）	贰万贰仟贰佰零陆元陆角					（小写）￥22,206.60	
销货单位	名　　称：燕华商贸有限公司 纳税人识别号：4400018631465 地址、电话：83487965 开户行及账号：010013410012335766					备注	

收款人：王芳　　复核：张辰　　开票人：王勇　　销货单位

第一联：记账联 销货方记账凭证

25.1/8

商品销售收入缴款单

缴款部门：食品组　　2013年12月10日

货款种类	张数	金额	货款种类	张数	金额
现金：			银行卡签购单	1	1,900.00
其中：票面100元	105	10,500.00	转账支票		
票面50元	1	50.00	银行本票		
票面20元	2	40.00			
票面10元	7	70.00			
票面5元					
票面2元					
票面1元					
角票、分币					

缴款金额人民币（大写）壹万贰仟伍佰陆拾元整　　￥ 12,560

缴款人：王波　　收款人：王芳

收讫

25.2/8

商品销售收入缴款单

缴款部门：服装组　　2013年12月10日

货款种类	张数	金额	货款种类	张数	金额
现金：			银行卡签购单	2	5,570.00
其中：票面100元	2637	263,700.00	转账支票	1	18,000.00
票面50元	1	50.00	银行本票		
票面20元	2	40.00			
票面10元	10	100.00			
票面5元	8	40.00			
票面2元					
票面1元					
角票、分币					

缴款金额人民币（大写）贰拾捌万柒仟伍佰元整　　￥ 287,500

缴款人：王波　　收款人：王芳

收讫

25.3/8

商品销售收入缴款单

缴款部门：首饰组　　2013 年12月10日

货款种类	张数	金　额	货款种类	张数	金　额
现金：			银行卡签购单	3	25,500.00
其中：票面100元	594	59,400.00	转账支票	1	17,000.00
票面50元	1	50.00	银行本票		
票面20元	2	40.00			
票面10元	1	10.00	收讫		
票面5元					
票面2元					
票面1元					
角票、分币					
缴款金额人民币（大写）壹拾万贰仟元整			￥ 102,000元		

缴款人：王波　　收款人：王芳

25.4/8

工商银行 **进账单** （回　单） 1

2013 年 12 月 10 日

出票人	全　称	美华公司	收款人	全　称	燕华商贸有限公司
	账　号	021-6547-321561		账　号	010-0134-10012335766
	开户银行	建设银行白云分行		开户银行	工商银行越秀支行

金额	人民币（大写）	叁万伍仟元整	亿	千	百	十	万	千	百	十	元	角	分
						￥	3	5	0	0	0	0	0

票据种类	支票	票据张数	贰张
票据号码			
复核　记账			

中国工商银行 越秀支行 2013.12.10 转讫

开户银行盖章

此联是开户银行交给持（出）票人的回单

25.5/8

中国工商银行广州市(越秀支行)现金送款单（回单） ①

2013 年 12 月 10 日

款项来源	销货款	收款人	全　称	燕华商贸有限公司
解款部门	财务部		账　号	010-0134-10012335766

人民币（大写）：	叁拾叁万肆仟零玖拾元整	千	百	十	万	千	百	十	元	角	分
			￥	3	3	4	0	9	0	0	0

票　面	张数	票面	张数	种类	百	十	元	角	分
一百元	3336	五元	8	五角					
五十元	3	二元		二角					
二十元	6	一元		一角					
十　元	17			分币					

中国工商银行 越秀支行 现金收讫

（收款银行盖章）

此联由银行盖章后退解款人

25.6/8

Uninon Pay 银联 签购单 商户存根

特约商户名称：燕华商贸有限公司
POS号：000612
终端机号：20869003
特约商户编号：102290053110632

卡别/卡号
8418 2367 8372 1109（工行）
交易类型：消费 有效期：13/12
批次号码：872136 查询号：6823
时间/日期 13/12/10
序号：200213066 授权号：80559
金额：￥1 900.00
（同意支付上述款项）

（持卡人签字）
王帅

Uninon Pay 银联 签购单 商户存根

特约商户名称：燕华商贸有限公司
POS号：000613
终端机号：20869003
特约商户编号：102290053110632

卡别/卡号
5309 7086 3654 2981（工行）
交易类型：消费 有效期：13/12
批次号码：8726692 查询号：5736
时间/日期 13/12/10
序号：191347030 授权号：64817
金额：￥3 000.00
（同意支付上述款项）

（持卡人签字）
陈红

Uninon Pay 银联 签购单 商户存根

特约商户名称：燕华商贸有限公司
POS号：000613
终端机号：20869003
特约商户编号：102290053110632

卡别/卡号
5309 7086 3654 2981（工行）
交易类型：消费 有效期：13/12
批次号码：878215 查询号：7621
时间/日期 13/12/10
序号：194804050 授权号：75271
金额：￥2 570.00
（同意支付上述款项）

（持卡人签字）
徐敏丽

25.7/8

Uninon Pay 银联 签购单 商户存根

特约商户名称：燕华商贸有限公司
POS号：000612
终端机号：20869003
特约商户编号：102290053110632

卡别/卡号
8418 2367 8372 1109（工行）
交易类型：消费 有效期：13/09
批次号码：872136 查询号：6823
时间/日期 13/12/10
序号：200213066 授权号：80559
金额：￥22 830.00
（同意支付上述款项）

（持卡人签字）
张丹阳

Uninon Pay 银联 签购单 商户存根

特约商户名称：燕华商贸有限公司
POS号：000613
终端机号：20869003
特约商户编号：102290053110632

卡别/卡号
5309 7086 3654 2981（工行）
交易类型：消费 有效期：13/09
批次号码：8726692 查询号：5736
时间/日期 13/12/10
序号：191347030 授权号：64817
金额：￥880.00
（同意支付上述款项）

（持卡人签字）
王红兵

Uninon Pay 银联 签购单 商户存根

特约商户名称：燕华商贸有限公司
POS号：000613
终端机号：20869003
特约商户编号：102290053110632

卡别/卡号
5309 7086 3654 2981（工行）
交易类型：消费 有效期：13/08
批次号码：878215 查询号：7621
时间/日期 13/12/10
序号：194804050 授权号：75271
金额：￥1 790.00
（同意支付上述款项）

（持卡人签字）
张文

25.8/8

中国工商银行银联卡 汇计单

编号：08325

特约单位名称：燕华商贸有限公司

特约单位编号：

日期：2013 年 12 月 10 日
签购单总份数：6
总计金额：￥32,970.00
手续费 9‰：296.73
净计金额：32,673.27

（印章：燕华商贸有限公司 财务专用章）

第一联：银行盖章后退特约单位作交费收据

26.1/3

广东增值税专用发票

No 00156781

发 票 联

开票日期：2013年12月10日

购货单位	名　　称：燕华商贸有限公司 纳税人识别号：4400018631465 地址、电话：广州市中山三路154号 83487965 开户行及账号：工商银行越秀支行010-0134-10012335766				密码区	（略）	
货物或应税劳务名称	规格型号	单位	数量	单价	金额	税率	税额
男西装	（略）	套	500	315	157500.00	17%	26775.00
女时装		套	300	200	60000.00	17%	10200.00
合　计					¥217500.00		¥36975.00
价税合计（大写）	贰拾伍万肆仟肆佰柒拾伍元整				（小写）¥254,475.00		
销货单位	名　　称：中山丰达制衣公司 纳税人识别号：35640023121563 地址、电话：7564321 开户行及账号：农行01－56724892				备注		

收款人：王佳　　复核：刘阳华　　开票人：张健　　销货单位：（中山丰达制衣公司 发票专用章）

第三联：发票联 购货方记账凭证

26.2/3

商业承兑汇票

出票日期：（大写）贰零壹叁年拾贰月壹拾日　　编号：671231

付款人	全称	燕华商贸有限公司	收款人	全称	中山丰达制衣公司
	账号	010013410012335766		账号	01-56724892
	开户银行	工行		开户银行	农行
出票金额	人民币（大写）贰拾伍万肆仟肆佰柒拾伍元整			亿千百十万千百十元角分	¥25447500
汇票到期日（大写）	贰零壹叁年拾贰月壹拾日		付款人开户行	行号	
交易合同号码				地址	
备注：					

（中国工商银行越秀支行 2013.12.10 汇票专用章）

此联承兑人存根

26.3/3

收　货　单

编号：1003005

收货部门：服装部　　2013 年 12 月 10 日　　供货单位：中山丰达制衣公司

商品名称	购进价格				零售价格				进销差价
	单位	数量	单价	金额	单位	数量	单价	金额	
男西装	套	500	315	157,500.00	套	500	380	190,000.00	32,500.00
女时装	套	300	200	60,000.00	套	300	260	78,000.00	18,000.00
合　计				¥217,500.00				¥268,000.00	¥50,500.00

结算联

收货人：孙红梅

27.1/3

上海市增值税专用发票

No 00156781

发票联

开票日期：2013 年 12 月10 日

购货单位	名　　称：燕华商贸有限公司 纳税人识别号：4400018631465 地 址、电 话：广州市中山三路154号 83487965 开户行及账号：工商银行越秀支行010-0134-10012335766					密码区	（略）
货物或应税劳务名称	规格型号	单位	数量	单价	金　额	税率	税　额
男西装	（略）	套	1000	290	290000.00	17%	49300.00
女时装		套	500	200	100000.00	17%	17000.00
合　计					￥390000.00		￥66300.00
价税合计（大写）	肆拾伍万陆仟叁佰元整						（小写）￥456,300.00
销货单位	名　　称：上海蓝天公司 纳税人识别号：24054186314651 地 址、电 话：23487965 开户行及账号：工行南京路支行022- 134-123356					备注	

收款人：王佳　　复核：刘阳华　　开票人：张健　　销货单位：（章）

第三联：发票联 购货方记账凭证

27.2/3

收　货　单

编号：01108

供货单位：上海蓝天公司　　2013 年 12 月10 日　　收货部门：批发部

货　号	品　名	规　格	单　位	应收数量	实收数量	单　价	金　额
（略）	男西装		套	1000		290.00	290,000.00
	女时装		套	500		200.00	100,000.00
合　计							￥390,000.00
商品类别：服装类							

结算联

收货人：刘　刚

27.3/3

计划号码或运输号码

铁路局
货　　票

货物运到期限 15 日　　承运凭证：发站→ 发货人报销用

发站	上海		到站(局)	广州		车种车号			铁路发货人装车	
发货人	名称	上海蓝天公司				施封号码				
	住址					篷布号码				
收货人	名称	燕华商贸有限公司				集装箱码				
	住址					经　由			运价里程	
货物名称	件数	包装	发货人确定重量(千克)	铁路确定重量(千克)		计费重量	运价号	运价率	费　别	金　额
服装									运　费	400.00
									装　费	50.00
									取送车费	5.00
									过秤费	10.00
合　计									合　计	465.00
记　事										

发站承运日期戳

经办人盖章

28.1/2

收 货 单

编号：01108

供货单位：上海蓝天公司　　2013年12月11日　　存放地点：批发部仓库

货 号	品 名	规 格	单 位	应收数量	实收数量	单 价	金 额
（略）	男西装		套	1000	1000	290.00	290,000.00
	女时装		套	500	495	200.00	99,000.00
合 计							¥389,000.00
商品类别：服装类							

入库联

收货人：刘 刚

28.2/2

商品购进短缺溢余报告单

2013 年 12 月 11 日　　编号：01102

货号	品名	单位	应收数量	实收数量	单价	短缺		溢余	
						数量	金额	数量	金额
	女时装	套	500	495	200	5	1,000.00		
合 计							¥1,000.00		
供货单位：上海蓝天公司 专用发票号码：					处理意见：		溢余或短缺原因： 待查		

制单：刘刚

29.1/1

分期收款发出商品出库单

委托方：燕华商贸有限公司　　2013 年 12 月11 日　　受托方：衡阳万联商场

品 名	单 位	数 量	进价		售价	
			单价	金额	单价	金额
夹心饼干	盒	1000	12.00	12,000.00	15.50	15,500.00
曲奇饼干	盒	250	9.50	2,375.00	11.60	2,900.00
合 计				¥14,375.00		¥18,400.00

出库地点：批发部仓库　　保管员：刘刚

30.1/2

广东增值税专用发票

No 00156781

（全国统一发票监制章 国家税务总局监制）

此联不做报销、扣税凭证使用　　开 票 日 期：2013 年 12月 12日

购货单位	名　　称：衡阳市万联商场 纳税人识别号：3509291458473 地 址、电 话：衡阳市南山三路 154号 83487966 开户行及账号：工商银行 02-5964-3217	密码区	（略）

货物或应税劳务名称	规格型号	单位	数量	单价	金 额	税率	税 额
女时装	（略）	套	800	238.00	190400.00	17%	32368.00
男西装		套	500	358.00	179000.00	17%	30430.00
合 计					¥369400.00		¥62798.00
价税合计（大写）	肆拾叁万贰仟壹佰玖拾捌元整					（小写）¥432,198.00	

销货单位	名　　称：燕华商贸有限公司 纳税人识别号：4400018631465 地 址、电 话：广州市中山三路154号 83487965 开户行及账号：工商银行越秀支行 010-0134-10012335766	备注	（燕华商贸有限公司 发票专用章）

第一联：记账联 销货方记账凭证

收款人：王芳　　复核：张辰　　开票人：王勇　　销货单位（章）

30.2/2

托 收 凭 证（回单） 1

编号：561207

委托日期:2013年12月12日 付款期限 年 月 日

业务类	委托收款（□邮划□电划） 托收承付（□邮划□电划））		
付款人 全称	衡阳万联商场	收款人 全称	燕华商贸有限公司
付款人 账号	025-5964-3217	收款人 账号	010-0134-10012335766
付款人 开户银行	工行	收款人 开户银行	工商银行越秀支行
金额 人民币（大写）	肆拾叁万贰仟壹佰玖拾捌元整	亿 千 百 十 万 千 百 十 元 角 分	¥ 4 3 2 1 9 8 0 0
款项名称	货款（服装）	托收凭证名称	发票
附寄单证张数	2		
商品发运情况		合同名称号码	
备注：			

中国工商银行越秀支行 2013.12.12 业务章

此联是收款人开户银行给收款人的回单

31.1/1

收 货 单

编号：1003005

收货部门：服装组 2013年12 月12日 供货单位：中山丰达制衣公司

商品名称	购进价格				零售价格				进销差价
	单位	数量	单价	金额	单位	数量	单价	金额	
男西装	套	500	315	157,500	套	500	380	19,0000	32,500
女时装	套	300	200	60,000	套	300	260	78,000	18,000
合计				¥217,500				¥268,000	¥50,500

入库联

收货人：孙红梅

32.1/2

中国工商银行
支 票 存 根
XVI0013698023
附加信息

出票日期 2013 年12月13日

收款人：燕华商贸有限公司
金 额：¥140,000.00
用 途：农产品收购

单位主管：郑顺义 会计：张小亚

32.2/2

农副产品收购汇总表

填报单位：芳村收购站 2013 年 12 月 13 日 第 0346 号

品名	等级	单位	数量	单价	金额	备注
苹果	一级	箱/15千克	1000	138.00	138,000	免税农产品
合计					¥138,000	

现金付讫

审核：张越 制单：王伟

33.1/4

收　货　单

编号：1003005

收货部门：首饰组　　2013年12月13日　　供货单位：顺德鑫金公司

商品名称	购进价格				零售价格				进销差价
	单位	数量	单价	金额	单位	数量	单价	金额	
项链	条	10	7000	70,000	条	10	8500	85,000	15,000
合　计				¥70,000				¥85,000	¥15,000

结算联

收货人：王静芳

33.2/4

收　货　单

编号：1003005

收货部门：首饰组　　2013年12月13日　　供货单位：顺德鑫金公司

商品名称	购进价格				零售价格				进销差价
	单位	数量	单价	金额	单位	数量	单价	金额	
项链	条	10	7000	70,000	条	10	8500	85,000	15,000
合　计				¥70,000				¥85,000	¥15,000

入库联

收货人：王静芳

33.3/4

广东增值税专用发票

No 00156781

全国统一发票监制章 国家税务总局监制

发票联

开票日期：2013年12月14日

购货单位	名　　称：燕华商贸有限公司 纳税人识别号：4400018631465 地址、电话：广州市中山三路154号 83487965 开户行及账号：工商银行越秀支行010-0134-10012335766					密码区	（略）
货物或应税劳务名称	规格型号	单位	数量	单价	金额	税率	税额
项链	（略）	条	10	7000	70000.00	17%	11900.00
合　计					¥70000.00		¥11900.00
价税合计（大写）	捌万壹仟玖佰元整						（小写）¥81,900.00
销货单位	名　　称：顺德鑫金公司 纳税人识别号：35640023121563 地址、电话：7564321 开户行及账号：工行010-0754-10057567355					备注	

收款人：王佳文　　复核：刘阳　　开票人：张健华　　销货单位：（顺德鑫金公司 发票专用章）

第三联：发票联 购货方记账凭证

33. 4/4

中国工商银行 电汇凭证 4（收款通知或取款依据） 第 号

委托日期：2013 年12月14日 应解汇款编号：

收款人			汇款人		
收款人	全 称	顺德鑫金公司	汇款人	全 称	燕华商贸有限公司
	账号或地址	010-0754-10057567355		账 号	010-0134-10012335766
	开户银行	工行朝阳支行 汇出行名称		开户银行	工行越秀支行 汇入行名称
汇票金额（人民币大写）		捌万壹仟玖佰元整		千百十万千百十元角分	¥8190000
汇出用途：支付货款（饼干）					
上列款项已代进账，如有错误，请持此联，来行面洽（汇入行盖章） 年 月 日		上列款项已照收无误 收款人盖章 年 月 日		科目 对方科目 汇入行解汇日期 年 月 日 复核 出纳 记账	

（印章：中国工商银行越秀支行 2012.12.14 业务章；中国工商银行朝阳支行 2012.12.14 业务章；中国工商银行越秀支行 2013.12.14 转讫）

34.1/1

托收承付 凭证 （承付支款 通知） 5 第 号

委托日期：2013 年 12 月14日 托收号码：

付款人			收款人		
付款人	全 称	衡阳市万联商场	收款人	全 称	燕华商贸有限公司
	账号或地址	02-5964-3217		账号或地址	010-0134-10012335766
	开户银行	工行		开户银行	工行 行号
托收金额	人民币（大写）	肆拾叁万贰仟壹佰玖拾捌元整		千百十万千百十元角分	¥43219800
附 件		商 品 发 运 情 况		合 同 名 称 号 码	
附寄单证张数或册数	略	X X			
备 注：			付款人注意：（略）		

单位主管： 会计： 复核： 记账： 付款人开户银行盖章 月 日

此联是付款人开户银行通知付款人按期承付货款的承付支款通知

（印章：中国工商银行越秀支行 2013.12.14 转讫）

35.1/3

商品购进短缺溢余报告单

2013 年 12 月 15 日 编号：00081

货号	品名	单位	应收数量	实收数量	单价	短缺 数量	短缺 金额	溢余 数量	溢余 金额
（略）	夹心饼干	盒	1500	1400	12.00	100	1200		
	曲奇饼干	盒	600	650	9.50			50	475
合 计							¥1,200		¥475
供货单位：中山兴旺食品公司 专用发票号码：					溢余或短缺原因：短缺:50盒运输部门赔偿；50盒供货方补发。溢余：补作购进				

制单：刘刚

35.2/3

收　货　单

编号：01109

供货单位：中山兴旺食品公司　　2013 年 12 月 15 日　　存放地点：批发部

货　号	品　名	规　格	单　位	应收数量	实收数量	单　价	金　额
（略）	夹心饼干		盒	50	50	12.00	600.00
合　计							¥600.00
商品类别：食品类							

入库联

收货人：刘　刚

35.3/3

广东增值税专用发票

No00451281

发　票　联

开票日期：2013 年 12 月 15 日

购货单位	名　　称：燕华商贸有限公司 纳税人识别号：4400018631465 地 址、电 话：广州市中山三路154号 83487965 开户行及账号：工商银行越秀支行010-0134-10012335766	密码区	（略）

货物或应税劳务名称	规格型号	单位	数量	单价	金　额	税率	税　额
曲奇饼干	（略）	盒	50	9.50	475.00	17%	80.75
合　　计					¥475.00		¥80.75
价税合计（大写）	伍佰伍拾伍元柒角伍分				（小写）¥555.75		

销货单位	名　　称：中山兴旺食品公司 纳税人识别号：44000589039845 地 址、电 话：42276577 开户行及账号：建行220-1230-5673	备注	

收款人：李浩　　复核：张月　　开票人：陈小丽　　销货单位：（中山兴旺食品公司 发票专用章）

第三联：发票联 购货方记账凭证

36.1/5

中国工商银行
支 票 存 根
XVI0013698024
附加信息

出票日期 2013 年 12 月 15 日

收款人：	燕华商贸有限公司
金　额：	¥2,500.00
用　途：	展销费

单位主管：郑顺义 会计：张小亚

36.2/5

广州市服务业统一发票

记　账　联

客户：燕华商贸有限公司　　2013年12月15日　　编号：64398720

项　目	摘　要	单位	数　量	单　价	十	万	千	百	十	元	角	分
印制单证								3	5	0	0	0
合计人民币(大写) 叁佰伍拾元整							¥	3	5	0	0	0

现金收讫

企业(盖章有效)：（林华印务中心 发票专用章）　　收款：王芳　　开单：张小亚

36.3/5

广州市服务业统一发票

记 账 联

客户：燕华商贸有限公司　　2013年12月13日　　编号：68534776

项 目	摘 要	单位	数 量	单 价	金额：十	万	千	百	十	元	角	分
展销会场地费							1	6	4	0	0	0
合计人民币(大写) 壹仟陆佰肆拾元整						¥	1	6	4	0	0	0

现金收讫

企业(盖章有效)：发票专用章　　收款：王丽　　开单：张亚娜

36.4/5

广州市服务业统一发票

记 账 联

客户：燕华商贸有限公司　　2013年12月15日　　编号：1264320

项 目	摘 要	单位	数 量	单 价	金额：十	万	千	百	十	元	角	分
修理自动门								4	8	0	0	0
合计人民币(大写) 肆佰捌拾元整							¥	4	8	0	0	0

现金收讫

企业(盖章有效)：白云恒修公司 发票专用章　　收款：王林雪　　开单：张金英

36.5/5

费用报销单

报销部门：　　年　月　日 填　　单据及附件共　页

用 途	金 额(元)	部门领导签批	
		公司领导审批	
合 计			
金额大写： 拾 万 仟 佰 拾 元 角 分		原借款： 元	应退余款： 元

会计主管：　　会计：　　出纳：　　报销人：　　领款人：

37.1/1

工资结算汇总表

2013年12月15日

部门	标准工资	病事假扣款	应发标准工资	奖金	食品补贴	应发工资合计	非工资性津贴	
							车贴	房贴
商品经营部门	23 900.00	50.00	23 850.00	2 120.00	800.00	26 770.00	1 500.00	179.00
行政管理部门	6 960.00	10.00	6 950.00	950.00	200.00	8100.00	140.00	21.00
合计	30 860.00	60.00	30 800.00	3 070.00	1 000.00	34870.00	1 640.00	200.00
部门	代扣款项							实发金额
	住房公积金	养老保险金	医疗保险金	失业保险金	个人所得税	工会经费	合计	
商品经营部门	2 762.50	2 300.00	1 075.00	567.50	133.75	120.93	6 959.68	21 489.32
行政管理部门	568.40	649.10	162.50	81.00	67.00	18.27	1 546.27	6 714.73
合计	3 330.90	2 949.10	1 237.50	648.50	200.75	139.20	8 505.95	28 204.05

38.1/5

广东增值税专用发票

No 00451258

发票联 （全国统一发票监制章 国家税务总局监制）

开票日期：2013年12月15日

购货单位	名称：燕华商贸有限公司 纳税人识别号：4400018631465 地址、电话：广州市中山三路154号 83487965 开户行及账号：工商银行越秀支行010-0134-10012335766				密码区	（略）	
货物或应税劳务名称	规格型号	单位	数量	单价	金额	税率	税额
夹心饼干	（略）	盒	300	11.80	3540.00	17%	601.80
合计					¥3540.00		¥601.80
价税合计（大写）	肆仟壹佰肆拾壹元捌角					（小写）¥4, 141.80	
销货单位	名称：中山兴旺食品公司 纳税人识别号：4400089039845 地址、电话：42276577 开户行及账号：建行220-1230-5673				备注		

第三联：发票联 购货方记账凭证

收款人：李浩　复核：张月　开票人：陈小丽　销货单位：（中山兴旺食品公司 发票专用章）

38.2/5

收货单

编号：01109

供货单位：中山兴旺食品公司　2013年12月15日　收货部门：批发部

货号	品名	规格	单位	应收数量	实收数量	单价	金额
（略）	夹心饼干		盒	300		11.80	3,540.00
合计							¥3,540.00
商品类别：食品类							

结算联

收货人：刘刚

38.3/5

收 货 单

编号：01109

供货单位：中山兴旺食品公司　　2013年12月15日　　存放地点：批发部仓库

货号	品名	规格	单位	应收数量	实收数量	单价	金额
（略）	夹心饼干		盒	300	300	11.80	3,540.00
合计							¥3,540.00
商品类别：食品类							

入库联

收货人：刘刚

38.4/5

中国工商银行 信汇凭证 4（收款通知或取款依据） 第 号

委托日期：2013年12月15日　　应解汇款编号：

收款人	全称	中山兴旺食品公司	汇款人	全称	燕华商贸有限公司
	账号或地址	220-1230-5673		账号	010-0134-10012335766
	开户银行	建设银行　汇出行名称		开户银行	工商银行　汇入行名称
汇票金额（人民币大写）		肆仟贰佰玖拾壹元捌角整	千百十万千百十元角分		¥429180
汇出用途：		购货款			
上列款项已代进账，如有错误，请持此联，来行面洽 （汇入行盖章） 年 月 日		上列款项已照收无误 收款人盖章 年 月 日	科目 对方科目 汇入行解汇日期 年 月 日 复核 出纳 记账		

中国工商银行 越秀支行 2013.12.15 转讫

38.5/5

公路、内河货物运输业统一发票

发 票 联

全国统一发票监制章 国家税务总局监制

开票日期：2013年12月15日

收货人及纳税人识别号　燕华商留有限公司　4400018631465	承运人及纳税人识别号　中山兴旺食品公司　（略）
发货人及纳税人识别号　中山兴旺食品公司　（略）	主管税务机关及代码　（略）
运输项目及金额　运费 150.00	其他项目及金额
运费小计　¥150.00	其他费用小计(小写)
合计人民币(大写)　壹佰伍拾元整	

第一联：发票联

中山兴旺食品公司 发票专用章

运输单位盖章：　　开票人：刘云

39.1/1

广东增值税专用发票

No 00450309

此联不做报销、扣税凭证使用　　开票日期：2013年12月15日

购货单位	名　　称：衡阳市万联商场 纳税人识别号：3509291458473 地址、电话：83487966 开户行及账号：工行02-5964-3217			密码区			
货物或应税劳务名称	规格型号	单位	数量	单价	金额	税率	税额
夹心饼干		盒	500	15.50	7750.00	17%	1317.50
曲奇饼干		盒	125	11.60	1450.00	17%	246.50
合　计					¥9200.00		¥1564.00
价税合计（大写）	壹万零柒佰陆拾肆元整				（小写）	¥10,764.00	
销货单位	名　　称：燕华商贸有限公司 纳税人识别号：4400018631465 地址、电话：广州市中山三路154号 83487965 开户行及账号：工商银行越秀支行 010-0134-10012335766			备注			

第一联：记账联 销货方记账凭证

收款人：王芳　　复核：张辰　　开票人：王勇　　销货单位（章）

40.1/3

中国工商银行广州市（越秀支行）现金送款单（回单）①

2013年12月15日

款项来源	销货款	收款人 全称	燕华商贸有限公司
解款部门	财务部	收款人 账号	010-0134-10012335766
人民币（大写）：伍仟捌佰元整		千百十万千百十元角分	¥580000

票面	张数	票面	张数	种类	百	十	元	角	分
一百元	58	五元		五角					
五十元		二元		二角					
二十元		一元		一角					
十元				分币					

（收款银行盖章）中国工商银行越秀支行 现金收讫

此联由银行盖章后退解款人

40.2/3

商品销售收入缴款单

缴款部门：水产部　　2013年12月15日

货款种类	张数	金额	货款种类	张数	金额
现金：			银行卡签购单		
其中：票面100元	30	3,000.00	转账支票		
票面50元			银行本票		
票面20元					
票面10元					
票面5元					
票面2元					
票面1元					
角票、分币					
缴款金额人民币（大写）叁仟元整					¥3,000.00

收讫

缴款人：王波　　收款人：王芳

40.3/3

商品销售收入缴款单

缴款部门：水果部　　2013 年 12 月 15 日

货款种类	张数	金额	货款种类	张数	金额
现金：			银行卡签购单		
其中：票面100元	28	2,800.00	转账支票		
票面50元			银行本票		
票面20元					
票面10元			（注：该批水果进价2,000元）		
票面5元					
票面2元					
票面1元			收讫		
角票、分币					
缴款金额人民币（大写）贰仟捌佰元整				¥	2,800.00

缴款人：王波　　收款人：王芳

41.1/3

广东增值税专用发票

No 00450378

（印章：全国统一发票监制章 国家税务总局监制）发票联

开票日期：2013 年 12 月 15 日

购货单位	名称：燕华商贸有限公司 纳税人识别号：4400018631465 地址、电话：广州市中山三路154号 83487965 开户行及账号：工商银行越秀支行010-0134-10012335766	密码区	（略）

货物或应税劳务名称	规格型号	单位	数量	单价	金额	税率	税额
夹心饼干	（略）	盒	1000	11.80	11800.00	17%	2006.00
曲奇饼干		盒	800	9.60	7680.00	17%	1305.60
合计					¥19480.00		¥3311.60
价税合计（大写）	贰万贰仟柒佰玖拾壹元陆角				（小写）¥22,791.60		

销货单位	名称：徐记饼干厂 纳税人识别号：44000514034518 地址、电话：81276573 开户行及账号：工商银行021-564-32335672366	备注	（印章：徐记饼干厂 发票专用章）

收款人：李文奇　复核：张华　开票人：陈小娟　销货单位（章）

第三联：发票联 购货方记账凭证

41.2/3

收　货　单

编号：01110

供货单位：徐记饼干厂　　2013 年 12 月 15 日　　收货部门：批发部

货号	品名	规格	单位	应收数量	实收数量	单价	金额
（略）	夹心饼干		盒	1000		11.80	11,800.00
	曲奇饼干		盒	800		9.60	7,680.00
合计							¥19,480.00
商品类别：食品类							

结算联

收货人：刘刚

41.3/3

收 货 单

编号：01110

供货单位：徐记饼干厂　　2013年12 月 15 日　　存放地点：批发部仓库

货 号	品 名	规 格	单 位	应收数量	实收数量	单 价	金 额
（略）	夹心饼干		盒	1000	1000	11.80	11，800.00
	曲奇饼干		盒	800	800	9.60	7，680.00
合 计							￥19，480.00
商品类别：食品类							

入库联

收货人：刘 刚

42. 1/2

广东增值税专用发票

（红字发票）　　No00450301

此联不做报销、扣税凭证使用　　开 票 日 期： 2013 年 12 月 15 日

购货单位	名 称：衡阳市万联商场 纳税人识别号：3509291458473 地 址、电 话：83487966 开户行及账号：工行02-5964-3217				密码区		
货物或应税劳务名称	规格型号	单位	数量	单价	金 额	税率	税 额
女时装		套	800	47.60	38080.00	17%	6473.60
合 计					￥38080.00		￥6473.60
价税合计（大写）	肆万肆仟伍佰伍拾叁元陆角					（小写）	￥44,553.60
销货单位	名 称：燕华商贸有限公司 纳税人识别号：4400018631465 地 址、电 话：广州市中山三路154号 83487965 开户行及账号：工商银行越秀支行010-0134-10012335766				备注		

第一联：记账联 销货方记账凭证

收款人：王芳　　复核：张辰　　开票人：王勇　　销货单位：（燕华商贸有限公司 发票专用章）

42.2/2

广州市国家税务局
企业进货退出及索取折让证明单

No.0567

销货单位	全 称	燕华商贸有限公司			
	税务登记号	4400018631465			
进货退出	货物名称	单 价	数 量	货 款	税 额
索取折让	货物名称	货 款	税 额	要求：折让金额	要求：折让税额
	女时装	190,400.00	32,368.00	38,080.00	6,473.60
退货或索取折让理由	经办人：布料瑕疵 单位签章：（衡阳市万联商务） 2013年12 月15 日		税务征收机关签章	经办人：同意 （广州市国税局） 2013年12 月15日	
购货单位	全 称				
	税务登记号				

* 本证明单一式三联：
第一联，征收机关留存；第二联，交销货单位留存；第三联，购货单位留存。

第二联：销货单位留存

43.1/2

中国工商银行 进账单（回 单） 1

2013年 12月 16日

出票人	全　称	韶关宏达商场	收票人	全　称	燕华商贸有限公司
	账　号	02-6754-4329		账　号	010-0134-10012335766
	开户银行	建设银行中山路支行		开户银行	工商银行越秀支行

人民币（大写）	亿	千	百	十	万	千	百	十	元	角	分
玖仟零陆拾柒元伍角整					¥	9	0	6	7	5	0

票据种类	银行汇票	票据张数	壹
票据号码			

复核　　记账

中国工商银行 越秀支行 2013.12.16 转讫

开户银行盖章

此联是开户银行交给持（出）票人回单

43.2/2

广东增值税专用发票　　No 00450309

全国统一发票监制章 国家税务总局监制

此联不做报销、扣税凭证使用　　开票日期：2013年12月16日

购货单位	名　称：韶关宏达商场 纳税人识别号：2400016583762 地址、电话：25647967 开户行及账号：建设银行 010-0754-10057567355
密码区	

货物或应税劳务名称	规格型号	单位	数量	单价	金额	税率	税额
夹心饼干		盒	500	15.50	7750.00	17%	1317.50
合　计					¥7750.00		¥1317.50
价税合计（大写）	玖仟零陆拾柒元伍角				（小写）	¥9067.50	

销货单位	名　称：燕华商贸有限公司 纳税人识别号：4400018631465 地址、电话：广州市中山三路154号 83487965 开户行及账号：工商银行越秀支行 010-0134-10012335766	备注	

收款人：王芳　　复核：张辰　　开票人：王勇　　销货单位：燕华商贸有限公司 发票专用章

第一联：记账联 销货方记账凭证

44.1/2

商品购进短缺溢余报告单

2013年 12月 16日　　编号：03781

货号	品名	单位	应收数量	实收数量	单价	短缺 数量	短缺 金额	溢余 数量	溢余 金额	处理意见：
	曲奇饼干	盒	300	245	10.00	55	550.00			供货方退款
合　计							¥550.00			
供货单位：深圳美佳食品厂 专用发票号码：					溢余或短缺原因：供货方少发货					

制单：孙红梅

44.2/2

深圳增值税专用发票

No 00451302

（红字） 发 票 联 （国统一发票监制章 国家税务总局监制）

开票日期：2013年12月16日

购货单位	名　　称：燕华商贸有限公司 纳税人识别号：440001863146 5 地址、电话：广州市中山三路154号 83487965 开户行及账号：工商银行越秀支行010-0134-10012335766				密码区	（略）	
货物或应税劳务名称	规格型号	单位	数量	单价	金额	税率	税额
曲奇饼干	（略）	盒	55	10.00	550.00	17%	93.50
合　计					¥550.00		¥93.50
价税合计（大写）	陆佰肆拾叁元伍角整					（小写）¥643.50	
销货单位	名　　称：深圳美佳食品厂 纳税人识别号：44000514134695 地址、电话：81276575 开户行及账号：建行021-259-039				备注		

收款人：李田山　复核：张蒙　开票人：陈波　销货单位：（深圳美佳食品厂 发票专用章）

第三联：发票联 购货方记账凭证

45.1/2

商品购进短缺溢余报告单

2013年12月16日　　编号：01102

货号	品名	单位	应收数量	实收数量	单价	短缺		溢余	
						数量	金额	数量	金额
	女时装	套	500	495	200	5	1,000.00		
合计							¥1,000.00		
供货单位：上海蓝天公司 专用发票号码：					处理意见： 补发商品		溢余或短缺原因： 供货方少发商品		

制单：封刚

45.2/2

收　货　单

编号：01111

供货单位：上海蓝天公司　　2013年12月16日　　存放地点：批发部仓库

货号	品名	规格	单位	应收数量	实收数量	单价	金额
（略）	女时装		套	5		200.00	1,000.00
合计							¥1,000.00
商品类别：服装组							

入库联

收货人：封刚

46.1/1

保险金计算表

2013年 12月16日　　　　编号:1201

项 目	工资总额		提取率（%）	计提金额
养老保险金	商品经营部门	26,770.00	22.5	
	行政管理部门	8,100.00	22.5	
医疗保险金	商品经营部门	26,770.00	12	
	行政管理部门	8,100.00	12	
失业保险金	商品经营部门	26,770.00	2	
	行政管理部门	8,100.00	2	
合 计				

审核：邓顺义　　　　制表：张小亚

47.1/1

住房公积金计算表

2013年 12月16日　　　　编号:1202

工资总额		提取率（%）	计提金额
商品经营部门	26,770.00	7	
行政管理部门	8,100.00	7	
合　　计			

审核：邓顺义　　　　制表：张小亚

48.1/1

工会经费及福利费计算表

2013年 12月16日　　　　编号:1203

项 目	工资总额		提取率（%）	计提金额
工会经费	商品经营部门	26,770.00	2	
	行政管理部门	8,100.00	2	
职工教育经费	商品经营部门	26,770.00	1.5	
	行政管理部门	8,100.00	1.5	
职工福利费	商品经营部门	26,770.00	14	
	行政管理部门	8,100.00	14	
合　　计				

审核：邓顺义　　　　制表：张小亚

49.1/3

广东增值税专用发票

No00450379

此联不做报销、扣税凭证使用　　开票日期：2013年12月18日

购货单位	名　　称：广州市怡愉专卖店 纳税人识别号：4400025639684 地址、电话：22054989 开户行及账号：020-0329-10541896				密码区		
货物或应税劳务名称	规格型号	单位	数量	单价	金额	税率	税额
男西装		套	300	358.00	107400.00	17%	18258.00
女时装		套	500	238.00	119000.00	17%	20230.00
合　计					¥226400.00		¥38488.00
价税合计（大写）	贰拾陆万肆仟捌佰捌拾捌元整				（小写）¥264,888.00		
销货单位	名　　称：燕华商贸有限公司 纳税人识别号：4400018631465 地址、电话：广州市中山三路154号 83487965 开户行及账号：工商银行越秀支行010-0134-10012335766				备注		

收款人：王芳　　复核：张辰　　开票人：王勇　　销货单位（章）

第一联：记账联 销货方记账凭证

（印章：全国统一发票监制章 国家税务总局监制；燕华商贸有限公司 发票专用章）

49.2/3

Uninon Pay 银联 签购单

商户存根

特约商户名称：燕华商贸有限公司
POS号：000612
终端机号：20869003
特约商户编号：102290053110632

卡别/卡号
8418 2367 8372 1109 (工行)
交易类型：消费　　有效期：13/09
批次号码：872136　查询号：6823
时间/日期 13/12/18
序号：200213066　授权号：80559
金额：¥264,888.00
（同意支付上述款项）

（持卡人签字）
张愉

49.3/3

中国工商银行银联卡
汇　计　单

编号：08325

特约单位名称：燕华商贸有限公司

特约单位编号：

日　　期：2013年12月18日
签购单总份数：1
总计金额：264,888.00
手续费9‰：2,383.99
净计金额：262,504.01

第一联：银行盖章后退特约单位作交费收据

（印章：燕华商贸有限公司 财务专用章）

50.1/10

商品销售收入缴款单

缴款部门：食品组　　　　2013 年 12 月 2 0日

货款种类	张数	金　额	货款种类	张数	金　额
现金：			银行卡签购单	3	2,890.00
其中：票面100元	200	20,000.00	转账支票		
票面50元	20	1,000.00	银行本票		
票面20元	10	200.00			
票面10元	5	50.00			
票面5元			收讫		
票面2元					
票面1元					
角票、分币					
缴款金额人民币（大写）贰万肆仟壹佰肆拾元整				￥ 24,140.00	

缴款人：王波　　　　收款人：王芳

50.2/10

商品销售收入缴款单

缴款部门：服装组　　　　2013 年 12 月 20 日

货款种类	张数	金　额	货款种类	张数	金　额
现金：			银行卡签购单	3	49,570.00
其中：票面100元	1000	100,000.00	转账支票	1	6,000.00
票面50元	600	30,000.00	银行本票		
票面20元	200	4,000.00			
票面10元	110	1,100.00			
票面5元	14	70.00	收讫		
票面2元					
票面1元					
角票、分币					
缴款金额人民币（大写）壹拾玖万零柒佰肆拾元整				￥ 190,740.00	

缴款人：王波　　　　收款人：王芳

50.3/10

商品销售收入缴款单

缴款部门：首饰组　　　　2013 年 12 月 20 日

货款种类	张数	金　额	货款种类	张数	金　额
现金：			银行卡签购单	3	8,500.00
其中：票面100元	250	25,000.00	转账支票	1	8,500.00
票面50元	10	500.00	银行本票		
票面20元					
票面10元					
票面5元			收讫		
票面2元					
票面1元					
角票、分币					
缴款金额人民币（大写）肆万贰仟伍佰元整				￥ 42,500.00	

缴款人：王波　　　　收款人：王芳

50.4/10

工商银行　**进账单**　(回　单)　1

2013 年 12 月 20 日

出票人	全　称	天富商场	收款人	全　称	燕华商贸有限公司
	账　号	021-6547-321564		账　号	010-0134-10012335766
	开户银行	建设银行东风分行		开户银行	工商银行越秀支行
金额	人民币(大写)	壹万肆仟伍佰元整		亿千百十万千百十元角分	¥1450000
票据种类	支票	票据张数	贰张		
票据号码					
复核 邓顺义	记账 李文红			开户银行盖章	

（印章：中国工商银行 越秀支行 2013.12.20 转讫）

此联是开户银行交给持（出）票人的回单

50.5/10

中国工商银行广州市（越秀支行）现金送款单(回单) ①

2013 年 12 月 20 日

款项来源	销货款	收款人	全　称	燕华商贸有限公司
解款部门	财务部		账　号	010-0134-10012335766
人民币（大写）：壹拾捌万壹仟玖佰贰拾元整			千百十万千百十元角分	¥18192000

票　面	张数	票面	张数	种类	百	十	元	角	分
一百元	1450	五元	14	五角					
五十元	630	二元		二角					
二十元	210	一元		一角					
十　元	115			分币					

（收款银行盖章）

（印章：中国工商银行 越秀支行 现金收讫）

此联由银行盖章后退解款人

50.6/10

Uninon Pay 银联 签购单　商户存根

特约商户名称：燕华商贸有限公司
POS号：000612
终端机号：20869003
特约商户编号：102290053110632

卡别/卡号
8418 2367 8372 1109 (工行)
交易类型：消费　有效期：13/09
批次号码：872136　查询号：6823
时间/日期 13/12/20
序号：200213066　授权号：80559
金额：¥ 1,500.00
（同意支付上述款项）

（持卡人签字）
王学敏

Uninon Pay 银联 签购单　商户存根

特约商户名称：燕华商贸有限公司
POS号：000613
终端机号：20869003
特约商户编号：102290053110632

卡别/卡号
5309 7086 3654 2981 (工行)
交易类型：消费　有效期：13/09
批次号码：8726692　查询号：5736
时间/日期 13/12/20
序号：191347030　授权号：64817
金额：¥ 890.00
（同意支付上述款项）

（持卡人签字）
陈　浩

Uninon Pay 银联 签购单　商户存根

特约商户名称：燕华商贸有限公司
POS号：000613
终端机号：20869003
特约商户编号：102290053110632

卡别/卡号
5309 7086 3654 2981 (工行)
交易类型：消费　有效期：13/08
批次号码：878215　查询号：7621
时间/日期 13/12/20
序号：194804050　授权号：75271
金额：¥ 500.00
（同意支付上述款项）

（持卡人签字）
徐　辽

50.7/10

Uninon Pay 银联 签购单

商户存根

特约商户名称：燕华商贸有限公司
POS号：000612
终端机号：20869003
特约商户编号：102290053110632

卡别/卡号
8418 2367 8372 1109 (工行)
交易类型：消费　有效期：13/09
批次号码：872136　查询号：6823
时间/日期 13/12/20
序号：200213066　授权号：80559
金额：￥29,470.00
（同意支付上述款项）

（持卡人签字）
张小兵

Uninon Pay 银联 签购单

商户存根

特约商户名称：燕华商贸有限公司
POS号：000613
终端机号：20869003
特约商户编号：102290053110632

卡别/卡号
5309 7086 3654 2981 (工行)
交易类型：消费　有效期：13/09
批次号码：8726692　查询号：5736
时间/日期 13/12/20
序号：191347030　授权号：64817
金额：￥15,000.00
（同意支付上述款项）

（持卡人签字）
陈 玲

Uninon Pay 银联 签购单

商户存根

特约商户名称：燕华商贸有限公司
POS号：000613
终端机号：20869003
特约商户编号：102290053110632

卡别/卡号
5309 7086 3654 2981 (工行)
交易类型：消费　有效期：13/08
批次号码：878215　查询号：7621
时间/日期 13/12/20
序号：194804050　授权号：75271
金额：￥5,100.00
（同意支付上述款项）

（持卡人签字）
徐 丽

50.8/10

Uninon Pay 银联 签购单

商户存根

特约商户名称：燕华商贸有限公司
POS号：000612
终端机号：20869003
特约商户编号：102290053110632

卡别/卡号
8418 2367 8372 1109 (工行)
交易类型：消费　有效期：13/09
批次号码：872136　查询号：6823
时间/日期 13/12/20
序号：200213066　授权号：80559
金额：￥2,000.00
（同意支付上述款项）

（持卡人签字）
谭 晶

Uninon Pay 银联 签购单

商户存根

特约商户名称：燕华商贸有限公司
POS号：000613
终端机号：20869003
特约商户编号：102290053110632

卡别/卡号
5309 7086 3654 2981 (工行)
交易类型：消费　有效期：13/09
批次号码：8726692　查询号：5736
时间/日期 13/12/20
序号：191347030　授权号：64817
金额：￥3,500.00
（同意支付上述款项）

（持卡人签字）
董敏莉

Uninon Pay 银联 签购单

商户存根

特约商户名称：燕华商贸有限公司
POS号：000613
终端机号：20869003
特约商户编号：102290053110632

卡别/卡号
5309 7086 3654 2981 (工行)
交易类型：消费　有效期：13/08
批次号码：878215　查询号：7621
时间/日期 13/12/20
序号：194804050　授权号：75271
金额：￥3,000.00
（同意支付上述款项）

（持卡人签字）
吴 芳

50.9/10

中国工商银行银联卡 汇计单

编号：08325

日期 2013年12月20日

特约单位名称：燕华商贸有限公司

特约单位编号：

签购单总份数 9
总计金额 60,960.00
手续费 9‰ 548.64
净计金额 60,411.36

燕华商贸有限公司 财务专用章

第一联：银行盖章后退特约单位作交费收据

50.10/10

销货款短缺溢余报告单

部门：食品组　　2013年 12 月 20 日

销售金额	24,190.00	部门意见	
实收金额	24,140.00		
短缺款	50.00		
溢余款		领导审批	
溢缺原因	待查		

收款员：王波

51.1/2

销 货 更 正 单

2013 年 12 月 20 日

购货单位：韶关宏达商场　　原发货单位编号：　　日期：2012 年 12 月16 日　单位：元

项目	规格、品名	单位	数量	单价	金额	税率（%）	税额
原来	夹心饼干	盒	500	15.50	7750	17	1317.50
更正	夹心饼干	盒	500	15.00	7500	17	1275.00
应收 应付	人民币（大写）贰佰玖拾贰元伍角整				应收￥ 应付￥292.50		
更正原因	价格变动						

制表：张洪民

51.2/2

广东增值税专用发票

（红字发票）

No 00450301

此联不做报销、扣税凭证使用　　开 票 日 期：2013 年12月 20 日

购货单位	名　　称：韶关宏达商场 纳税人识别号：2400016583762 地 址、电 话：25647967 开户行及账号：建行010-0754-10057567355	密码区	

货物或应税劳务名称	规格型号	单位	数量	单价	金 额	税率	税 额
夹心饼干		盒	500	0.50	250.00	17%	42.50
合　计					￥250.00		￥42.50
价税合计（大写）	贰佰玖拾贰元伍角整				（小写）￥292.50		

销货单位	名　　称：燕华商贸有限公司 纳税人识别号：440001863465 地 址、电 话：广州市中山三路154号83487965 开户行及账号：工商银行越秀支行01-0134-10012335766	备注	

收款人：王芳　　复核：张辰　　开票人：王勇　　销货单位：

第一联：记账联 销货方记账凭证

52.1/1

中国工商银行
支 票 存 根
XVI0013698025
附加信息

出票日期 2013 年12月 20日

收款公司：	公司工会
金　额：	￥836.60
用　途：	工会经费

单位主管：郑顺义　会计：张小亚

53.1/1

中国工商银行
支 票 存 根
XVI0013698026
附加信息

出票日期 2013年12月 20日

收款人：	广州市公积金管理中心
金　额：	￥5,771.80
用　途：	住房公积金

单位主管：郑顺义　会计：张小亚

54.1/1

委托加工商品发料单

2013年12月20日　　合同字号：8569

加工单位	红叶服装加工厂	加工成品名称		女时装（新款）	数量	500套
拨付商品名称	单位	数量	单价	金额	备注	
女时装	套	500	210.00	105,000.00	改变款式	
合计				¥105,000.00		

发料：刘刚　　制单：张红霞

55.1/3

广州市国家税务局
企业进货退出及索取折让证明单

No：2567832

销货单位	全称	燕华商贸有限公司			
	税务登记号	4400018631465			
进货退出	货物名称	单价	数量	货款	税额
	男西装	358	300	107400	18258
	女时装	238	500	119000	20230
索取折让	货物名称	货款	税额	要求：折让金额	要求：折让税额
退货或索取折让理由	经办人：款式不符 单位签章：（燕华商贸有限公司业务章） 2013年12月21日		税务征收机关签章	经办人：同意 （广州市国税局） 2013年12月21日	
购货单位	全称	广州市怡愉专卖店			
	税务登记号	4400025639684			

* 本证明单一式三联：
第一联，征收机关留存；第二联，交销货单位留存；第三联，购货单位留存。

第二联：销货单位留存

55.2/3

进货退出单

编号：01711

供货单位：燕华商贸有限公司　　2013年12月21日　　存放地点：批发部仓库

货号	品名	规格	单位	应退数量	实退数量	单价	金额
	男西装		套	300	300	358	107,400
	女时装		套	500	500	238	119,000
商品类别	时装类						

出库联

发货人：刘刚

55.3/3

广东增值税专用发票

No 00451302

（红字）此联不做报销、扣税凭证使用　开票日期：2013年12月22日

购货单位	名称：广州市恰愉专卖店 纳税人识别号：4400025639684 地址、电话：22054989 开户行及账号：020-0329-10541896					密码区		
货物或应税劳务名称	规格型号	单位	数量	单价	金额	税率	税额	
男西装		套	300	358.00	107400.00	17%	18258.00	
女时装		套	500	238.00	119000.00	17%	20230.00	
合　计					￥226400.00		￥38488.00	
价税合计（大写）	贰拾陆万肆仟捌佰捌拾捌元整				（小写）￥264,888.00			
销货单位	名称：燕华商贸有限公司 纳税人识别号：4400018631465 地址、电话：广州市中山三路154号 83487965 开户行及账号：工商银行越秀支行010-0134-10012335766					备注		

第一联：记账联　销货方记账凭证

收款人：王芳　复核：张辰　开票人：王勇　销货单位：燕华商贸有限公司发票专用章

56.1/3

收　货　单

编号：01112

供货单位：深圳美佳食品厂　2013年12月22日　收货部门：批发部

货号	品名	规格	单位	应收数量	实收数量	单价	金额
（略）	夹心饼干		盒	1000		12.00	12,000.00
	曲奇饼干		盒	500		9.60	4,800.00
合计							￥16,800.00
商品类别：食品类							

结算联

收货人：刘刚

56.2/3

广东增值税专用发票

No 00451258

发票联　开票日期：2013年12月22日

购货单位	名称：燕华商贸有限公司 纳税人识别号：4400018631465 地址、电话：广州市中山三路154号 83487965 开户行及账号：工商银行越秀支行010-0134-10012335766					密码区	（略）
货物或应税劳务名称	规格型号	单位	数量	单价	金额	税率	税额
夹心饼干	（略）	盒	1000	12.00	12000.00	17%	2040.00
曲奇饼干		盒	500	9.60	4800.00	17%	816.00
合　计					￥16800.00		￥2856.00
价税合计（大写）	壹万玖仟陆佰伍拾陆元整				（小写）￥19656.00		
销货单位	名称：深圳美佳食品厂 纳税人识别号：44000514134695 地址、电话：81276575 开户行及账号：建行021-259-039					备注	

第三联：发票联　购货方记账凭证

收款人：李田山　复核：张蒙　开票人：陈波　销货单位：深圳美佳食品厂发票专用章

56.3/3

委电 **委托收款凭证(付款通知)5** 委托号码：第C0303号

委托日期：2013 年 12月 22日 付款日期：2013 年 12月 22日

收款人	全 称	深圳美佳食品厂		付款人	全 称	燕华商贸有限公司
	账号或地址	021-259-039			账号或地址	010-0134-10012335766
	开户银行	建行	行号 039		开户银行	工商银行越秀支行
委收金额	人民币(大写)	壹万玖仟陆佰伍拾陆元整			千百十万千百十元角分	¥1965600
款项内容	货款	委托收款凭据名称			寄单证张数	1 张
备注：				付款人注意：应于见票当日通知开户行划款。如需拒付，应在规定的期限内，将拒付理由书并附债务证明退交开户银行。		

单位主管：邓顺义 会计：张小亚 复核：邓顺义 记账：李文红 付款人开户行收到日期 2013年 12月22日

此联付款人开户行给付款人按期付款的通知

中国工商银行越秀支行 2013.12.22 转讫 电划

中国建设银行盐田支行 2013.12.22 业务章

57.1/5

广东增值税专用发票 No 00450579

全国统一发票监制章 国家税务总局监制 发 票 联 开票日期：2013年12月22日

购货单位	名 称：燕华商贸有限公司 纳税人识别号：440001863146 5 地 址、电 话：广州市中山三路154号 83487965 开户行及账号：工商银行越秀支行010-0134-10012335766	密码区

货物或应税劳务名称	规格型号	单位	数量	单价	金 额	税率	税 额
夹心饼干	(略)	盒	800	12.50	10000.00	17%	1700.00
曲奇饼干		盒	800	9.50	7600.00	17%	1292.00
合 计					¥17600.00		¥2992.00
价税合计（大写）	贰万零伍佰玖拾贰元整					（小写）¥20,592.00	

销货单位	名 称：东莞大华食品厂 纳税人识别号：44000514034695 地 址、电 话：82276575 开户行及账号：工商银行618954678052463	备注

收款人：王月美 复核：邓安 开票人：周洪 销货单位：

东莞大华食品厂 发票专用章

第三联：发票联 购货方记账凭证

57.2/5

收 货 单

编号：1003002

收货部门：食品组 2013年 12 月 22 日 供货单位：东莞大华食品公司

商品名称	购进价格				零售价格				进销差价
	单位	数量	单价	金额	单位	数量	单价	金额	
夹心饼干	盒	800	12.50	10000	盒	800	16.50	13200	3200
曲奇饼干	盒	800	9.50	7600	盒	800	12.80	10240	2640
合 计				¥17, 600				¥23, 440	¥5, 840

结算联

收货人：王静芳

57.3/5

收　货　单

编号：1003002

收货部门：食品组　　　　2013年12月22日　　　　供货单位：东莞大华食品公司

商品名称	购进价格				零售价格				进销差价
	单位	数量	单价	金额	单位	数量	单价	金额	
夹心饼干	盒	800	12.50	10000	盒	800	16.50	13200	3200
曲奇饼干	盒	800	9.50	7600	盒	800	12.80	10240	2640
合　计				¥17,600				¥23,440	5,840

入库联

收货人：王静芳

57.4/5

国际货物运输代理业专用发票
发票联

付款单位 燕华商贸有限公司　　　　开票日期 2013年12月22日

航次/单位/车次/　　　　提运单号No 117834

内容(货物名称、数量、单价)		金　额	备注
运费		人民币：350.00	
金额合计(大写)	人民币：叁佰伍拾元整	合计：¥350.00	

第二联：付款方记账

企业签章：（东莞货运公司 发票专用章）　　工商登记号　　复核：张美　制单：陈小丽
税务登记号：0017563

57.5/5

委电　　**委托收款凭证（付款通知）5**　　委托号码：第C0302号

委托日期 2013 年 12 月 22 日　　付款日期：2013 年 12 月 22 日

收款人	全称	东莞大华食品公司		付款人	全称	燕华商贸有限公司
	账号或地址	618954678052463			账号或地址	010-0134-10012335766
	开户银行	工行	行号 039		开户银行	工商银行越秀支行

委收金额	人民币(大写)	千	百	十	万	千	百	十	元	角	分
	贰万零玖佰肆拾贰元整			¥	2	0	9	4	2	0	0

款项内容	货款	委托收款凭证名称	商业承兑汇票	寄单证张数	2 张
备注：	（中国工商银行 越秀支行 2013.12.22 转讫）电划		付款人注意： 应于见票当日通知开户行划款。 如需拒付，应在规定的期限内，将拒付理由书并附债务证明退交开户银行。		

此联付款人开户行给付款人按期付款的通知

单位主管：邓顺义　会计：张小亚　复核：邓顺义　记账：李文红　付款人开户行收到日期 2013 年12月 22 日

58.1/1

社会保险转账凭证（回单）

转账日期：2013 年 12 月 22 日

汇款人	名　称	燕华商贸有限公司	收款人	名　称	广州市社会保险事业基金结算管理中心
	账　号	010-0134-10012335766		账　号	020-8569421
	开户银行	工商银行越秀支行		开户银行	建行中山一路分行

金额	人民币（大写）	壹万柒仟伍佰陆拾贰元陆角伍分	千	百	十	万	千	百	十	元	角	分
					¥	1	7	5	6	2	6	5

摘要	收 2013 年 12 月　保险费	（征收额与核定单不一致的，以托收单为准）			
备注	养老保险	10,794.85			
	医疗保险	5,421.90			
	失业保险	1,345.90			
	合　计	¥17,562.65			

（印章：中国建设银行中山一路分行 银行回单专用章）

打印日期：2013 年 12 月 22 日

59.1/1

中国工商银行
支 票 存 根
XVI0013698027
附加信息

出票日期 2013 年12月22日

收款人：	天河分店
金　额：	¥100,000.00
用　途：	经营费

单位主管：郑顺文　会计：张小亚

60.1/2

中国工商银行
支 票 存 根
XVI0013698028
附加信息

出票日期 2013年12月22日

收款人：	保险公司
金　额：	¥12,000元
用　途：	财产保险费

单位主管：郑顺文 会计：张小亚

60.2/2

平安财产保险有限公司

保险业专用发票

编号：538272

开票日期：2013 年 12 月 22 日

付款人：燕华商贸有限公司
承保险种：财产保险　　期别：1 年
保险单号：*20202011703010600206*　　批单号：
保险费金额人民币(大写)：壹万贰仟元整　　（小写）：¥12,000.00
附注：

第二联：发票联

经手人：张文洋　　复核：顾春红　　保险公司签章：

（印章：中国平安保险公司广州分公司 发票专用章）

61.1/1

广州市工商银行越秀支行贷款还款凭证 ③

日期：2013 年 12 月 22日

借款人	名 称	燕华商贸有限公司	收款人	名 称	燕华商贸有限公司
	放款户账号	010-0134-10012335766		往来户账号	010-0134-10012335766
	开户银行	工行越秀支行		开户银行	工行越秀支行
借款期限（最后还款日）		3个月	借款计划指标		
借款申请金额		人民币（大写）壹拾贰万元整	十亿千百十万千百十元角分		¥12000000
借款原因及用途		临时借款充实流动资金	银行核定金额		¥12000000

期限	计划还款日期	√	计划还款金额	分次还款记录	期次	还款日期	还款金额	结欠
1								
2								
3								
4								

备 注：

上述借款业已同意贷给并转入你单位往来账户，借款到期时应按期归还。此致
借款单位
（银行盖章）

中国工商银行广州分行越秀支行 2013.12.22 业务章

此联系核定放款回单代借款人收款通知

62.1/2

中国工商银行
支 票 存 根
XVI0013698029
附加信息

出票日期 2013年12月22日

收款人：	燕华商贸有限公司
金 额：	¥1,500.00
用 途：	备用金

单位主管：邓顺义 会计：张小亚

63.1/1

销货款短缺溢余报告单

部门：食品组 2013年 12月 23日

销售金额	24,190.00	部门意见	同意
实收金额	24,140.00		
短缺款	50.00	领导审批	同意
溢余款			
溢缺原因	是收款人张华的责任		

收款员：王波

62.2/2

借 支 单

2013 年 12 月22 日

借 款 人	刘剑	部门	业务部	职务	办事员
借款理由	补足备用金				
借款金额	人民币(大写) 壹仟伍佰元整 ¥1,500.00				
核 准	邓顺义				

现金付讫

64.1/2

收 货 单

编号：01101

供货单位：深圳美佳食品厂 2013 年 12 月 23 日 存放地点：批发部仓库

货 号	品 名	规 格	单 位	应收数量	实收数量	单 价	金 额
（略）	夹心饼干		盒	1000	1000	12.00	12，000.00
合 计							¥12，000.00
商品类别：食品类							

入库联

收货人：刘 刚

64.2/2

代管商品收货单

2013年12月23日

供货单位：深圳美佳食品厂　　　　编号：00016

商品品名	单位	数量	代管原因
曲奇饼干	盒	500	退货

主管：刘明　　　保管：刘刚　　　制单：刘刚

65.1/1

委托代销商品移库单

委字第 31 号　　　2013年12月 23 日　　　付货部门：批发部

收货单位：中山恒宇商场　　　代销合同协字：295 号

货号	品名	规格	单位	数量	进价		代销价		手续费	
					单价	金额	单价	金额	比例	金额
	男西装		套	400	300	120000	358	143200	10%	14320
合计						¥120,000		¥143,200		¥14,320

批准：刘明　　收货人：王小阳　　发货人：刘刚　　制单：刘刚

66.1/2

广东增值税专用发票

No 00451258

（全国统一发票监制章 国家税务总局监制）发票联　　开票日期：　年12月25日

购货单位	名称：燕华商贸有限公司 纳税人识别号：4400018631465 地址、电话：广州市中山三路154号 83487965 开户行及账号：工商银行越秀支行010-0134-10012335766	密码区	（略）

货物或应税劳务名称	规格型号	单位	数量	单价	金额	税率	税额
电费	（略）	千瓦时	6750	0.60	4050	17%	688.50
合计					¥4050		¥688.50
价税合计（大写）	肆仟柒佰叁拾捌元伍角整				（小写）¥4,738.50		

销货单位	名称： 纳税人识别号：44000514034695 地址、电话：82276575 开户行及账号：工商银行 618954678052463	备注	

收款人：李明　　复核：张宏宇　　开票人：陈岩　　销货单位：（广州市电力公司 发票专用章）

第三联：发票联 购货方记账凭证

66.2/2

委托银行收款凭证（付款通知） ④专用

委托日期：2013年12月25日　　托收号码 662378

付款人	全　称	燕华商贸有限公司	收款人	全　称	广州市电信有限公司
	账　号	010-0134-10012335766		账　号	110133729036
	开户银行	工行越秀支行		开户银行	工行市分行营业部
金额	人民币（大写）	肆仟柒佰叁拾捌元伍角整		千百十万千百十元角分	¥ 4 7 3 8 5 0
结算原因	12月电费	合同号码		附寄单证张数	1
			上列款项已从你账户付出		

此联是付款人开户银行给付款人的付款通知

（印章：中国工商银行广州市分行 2013.12.25 营业部）

67.1/4

中国工商银行
支 票 存 根
XVI0013698030
附加信息

出票日期　2013年12月25日

收款人：	兰州柜业集团
金　额：	¥1,751.20
用　途：	货款及运费

单位主管：郑顺文　会计：韩小丑

67.2/4

收　料　单

编号：01101

供货单位：兰州柜业集团　　2013年12月25日　　存放地点：批发部仓库

货　号	品　名	规　格	单　位	应收数量	实收数量	单　价	金　额
（略）	货柜		只	2	2	680.00	1,360.00
合　计							¥1,360.00
商品类别：低值易耗品							

入库联

收货人：刘　刚

67.3/4

广东增值税专用发票　No 00451258

发　票　联（印章：全国统一发票监制章 国家税务总局监制）　开 票 日 期：2013 年 12 月25 日

购货单位	名　　称：燕华商贸有限公司 纳税人识别号：4400018631465 地 址、电 话：广州市中山三路154号 83487965 开户行及账号：工商银行越秀支行010-0134-10012335766	密码区	（略）

货物或应税劳务名称	规格型号	单位	数量	单价	金　额	税率	税　额
货柜	（略）	只	2	680.00	1360.00	17%	231.20
合　　计					¥1360.00		¥231.20
价税合计（大写）	壹仟伍佰玖拾壹元贰角					（小写）¥1591.20	

销货单位	名　　称：兰州柜业集团 纳税人识别号：3440005140346 地 址、电 话：42276575 开户行及账号：工商银行 918954678052461	备注	

收款人：赵雨云　复核：张曼　开票人：刘雯　销货单位：（印章：兰州柜业集团 发票专用章）

第三联：发票联 购货方记账凭证

67.4/4

计划号码或运输号码 铁路局

货 票

货物运到期限 1 日 承运凭证：发站→ 发货人报销用

发站	兰州		到站(局)	广州			车种车号				铁路发货人装车	
发货人	名称	兰州柜业集团					施封号码					
	住址						篷布号码					
收货人	名称	燕华商贸有限公司					集装箱码					
	住址	广州市中山三路154号					经 由				运价里程	
货物名称	件数	包装	发货人确定重量(千克)	铁路确定重量(千克)			计费重量	运价号	运价率		费 别	金 额
货柜	2										运 费	160.00
											装 费	
											取送车费	
											过秤费	
合 计											合 计	￥160.00
记 事												

发站承运日期戳

经办人盖章

（印章：兰州铁路局 业务专用章）

68.1/1

领 料 单

编号：01101

领料单位：零售商场 2013 年 12 月25 日 存放地点：仓库

货 号	品 名	规 格	单 位	领用数量	单 价	金 额
（略）	货柜		只	2	680.00	1，360.00
合 计						￥1,360.00
商品类别:低值易耗品						

出库联

发料人：刘 刚

69.1/3

广州市国家税务局

企业进货退出及索取折让证明单

No：2567832

销货单位	全 称		深圳美佳食品厂		
	税务登记号		44000514134695		
进货退出	货物名称	单 价	数 量	货 款	税 额
	曲奇饼干	9.60	500	4800	816
索取折让	货物名称	货 款	税 额	要求 折让金额	要求 折让税额
退货或索取折让理由	变质 经办人：××× 单位签章： 2013 年 12月 25日（印章：深圳美佳食品厂 业务章）		税务征收机关签章	经办人： 2013 年 12月 25日（印章：广州市国税局）	
购货单位	全 称		燕华商贸有限公司		
	税务登记号		4400018631465		

* 本证明单一式三联：
第一联，征收机关留存；第二联，交销货单位留存；第三联，购货单位留存。

第三联：购货单位留存

69.2/3

代管物资发货单

编号：01711

供货单位：深圳美佳食品厂　　2013年12月25日　　存放地点：批发部仓库

货号	品名	规格	单位	应退数量	实退数量	单价	金额
曲奇饼干			盒	500	500	9.60	4,800
商品类别　食品类							

出库联

收货人：刘　刚

69.3/3

广东增值税专用发票

No 00451302

（红字）　发　票　联　　开票日期：2013年12月25日

全国统一发票监制章 国家税务总局监制

购货单位	名　称：燕华商贸有限公司 纳税人识别号：4400018631465 地址、电话：广州市中山三路154号 83487965 开户行及账号：工商银行越秀支行010-0134-10012335766				密码区	（略）	
货物或应税劳务名称	规格型号	单位	数量	单价	金额	税率	税额
曲奇饼干	（略）	盒	500	9.60	4800.00	17%	816
合　计					¥4800.00		¥816
价税合计（大写）	伍仟陆佰壹拾陆元整				（小写）¥5,616.00		
销货单位	名　称：深圳美佳食品厂 纳税人识别号：44000514134695 地址、电话：81276575 开户行及账号：建行021-259-039				备注	深圳美佳食品厂 发票专用章	

第三联：发票联　购货方记账凭证

收款人：李田山　　复核：张豪　　开票人：陈波　　销货单位：

70.1/2

广州市电信有限公司

2013年12月26日　　编号：126581

客户名称：燕华商贸有限公司	
市话月租费：26.00元	区内通话费：3 750次　675.00元
国内通话费：40次　807分　746.00元	
应付人民币（大写）：壹仟肆佰肆拾柒元整	¥1447.00

广州市电信

70.2/2

委托银行收款凭证（付款通知）④专用

委托日期：2013年12月26日　　托收号码 662378

付款人	全称	燕华商贸有限公司	收款人	全称	广州市电信有限公司
	账号	010-0134-10012335766		账号	110133729036
	开户银行	工行越秀支行		开户银行	工行市分行营业部
金额	人民币（大写）壹仟肆佰肆拾柒元整			千百十万千百十元角分	¥144700
结算原因	12月电信费	合同号码		附寄单证张数	1
		上列款项已从你账户付出			

中国工商银行广州市分行 2013.12.26 营业部

此联是付款人开户银行给付款人的付款通知

71.1/1

中国工商银行 广州市分行越秀支行贷款计付利息清单（付款通知）

单位名称：燕华商贸有限公司　　2013年12月26日

结算户账号	010-0134-10012335766	计息起讫日	2013年9月25日—2013年12月25日	
计息户账号	010-0134-10012335766	计息总积数	（略）	你单位上述贷款利息已付出你账户 此致 贷款单位 中国工商银行广州市分行越秀支行 2013.12.26 业务章
年 利 率	5.85%	利息金额	¥13 339.50	
摘要：贷款利息				

72.1/2

中华人民共和国
企业所得税月(季)度预缴纳税申报表(A类)

税款所属期间　　年　　月　　日至　　年　　月　　日

纳税人识别号：□□□□□□□□□□□□□□□□□

纳税人名称：　　　　　　　　　　　　金额单位：人民币元（列至角分）

行次	项目		本期金额	累计金额
1	**一、据实预缴**			
2	营业收入			
3	营业成本			
4	利润总额			
5	税率（25%）			
6	应纳所得税额（4行×5行）			
7	减免所得税额			
8	实际已缴所得税额		—	
9	应补（退）的所得税额（6行−7行−8行）		—	
10	**二、按照上一纳税年度应纳税所得额的平均额预缴**			
11	上一纳税年度应纳税所得额		—	
12	本月（季）应纳税所得额（11行÷12或11行÷4）			
13	税率（25%）		—	—
14	本月（季）应纳所得税额（12行×13行）			
15	**三、按照税务机关确定的其他方法预缴**			
16	本月（季）确定预缴的所得税额			
17	**总分机构纳税人**			
18	总机构	总机构应分摊的所得税额（9行或14行或16行×25%）		
19	总机构	中央财政集中分配的所得税额（9行或14行或16行×25%）		
20	总机构	分支机构分摊的所得税额(9行或14行或16行×50%）		
21	分支机构	分配比例		
22	分支机构	分配的所得税额（20行×21行）		

谨声明：此纳税申报表是根据《中华人民共和国企业所得税法》、《中华人民共和国企业所得税法实施条例》和国家有关税收规定填报的，是真实的、可靠的、完整的。

法定代表人（签字）：　　　　年　　月　　日

纳税人公章： 会计主管： 填表日期：　　年　月　日	代理申报中介机构公章： 经办人： 经办人执业证件号码： 代理申报日期：　　年　月　日	主管税务机关受理专用章： 受理人： 受理日期：　　年　月　日

72.2/2

中国工商银行广州市分行
电子报税付款通知

编号：000001

开户银行：工行越秀支行　　扣款日期：2013年12月26日　　收款国库：国家金库广州市白云区

纳税人代码		税务征收机关	白云区税务局
纳税人全称	燕华商贸有限公司	银行账号	010-0134-10012335766
纳税流水号	税　　种	税款所属时间	实 缴 税 额
	所得税	2013年12月1~31日	16 250.00
合计金额	(大写)壹万陆仟贰佰伍拾元整		￥16 250.00
本付款通知经与银行对账单记录核对一致有效。		上述税款已经扣款，请与银行对账单核对一致。扣款银行（盖章）	

（印章：中国工商银行广州市分行越秀支行 2013.12.26 业务章）

73.1/1

中国工商银行广州市分行越秀支行存款计收利息清单（收款通知）

单位名称：燕华商贸有限公司　　2013年12月26日

结算户账号	010-0134-10012335766	计息起讫日	2013年9月25日~2013年12月25日	
计息户账号	010-0134-10012335766	计息总积数	（略）	你单位上述存款利息已存入你账户。此致 贷款单位
年 利 率	0.72%	利 息 金 额	￥728.00	
摘要：存款利息				

（印章：中国工商银行广州市分行越秀支行 2013.12.26 业务章）

74.1/1

收　货　单

编号：1003002

收货部门：服装组　　2013年12月28日　　供货单位：晶丽公司

商品名称	购进价格				零售价格				进销差价
	单位	数量	单价	金额	单位	数量	单价	金额	
男西装	套	600	305	183,000	套	600	380	228,000	45,000
合　计				￥183,000				￥228,000	￥45, 000

入库联

收货人：王静芳

75.1/1

工商银行 进账单 （回 单） 1

2013 年 12 月28日

出票人	全 称	大新商场	收款人	全 称	燕华商贸有限公司
	账 号	021-6547-321564		账 号	010-0134-10012335766
	开户银行	建设银行东风分行		开户银行	工商银行越秀支行
金额	人民币（大写）	贰万贰仟零壹拾陆元捌角整		亿千百十万千百十元角分	¥2201680
票据种类	支票	票据张数	壹张		
票据号码					
	复核 记账			开户银行盖章	

中国工商银行 越秀支行 2013.12.28 转讫

此联是开户银行交给持（出）票人的回单

76.1/2

中国工商银行
支 票 存 根
XVI0013698031
附加信息
出票日期 2013年12月29日

收款人：	红叶服装加工厂
金 额：	¥5,850.00
用 途：	加工费

单位主管：郑顺义 会计：张小亚

76.2/2

广东增值税专用发票 No 00451258

发 票 联（全国统一发票监制章 国家税务总局监制）

开 票 日 期：2013 年 12 月 29 日

购货单位	名 称：燕华商贸有限公司 纳税人识别号：4400018631465 地 址、电 话：广州市中山三路154号 83487965 开户行及账号：工商银行越秀支行010-0134-10012335766				密码区	（略）	
货物或应税劳务名称	规格型号	单位	数量	单价	金 额	税率	税 额
加工费	（略）				5000.00	17%	850.00
合 计					¥5000.00		¥850.00
价税合计（大写）	伍仟捌佰伍拾元整				（小写）¥5,850.00		
销货单位	名 称：红叶服装加工厂 纳税人识别号：4400051403467 地 址、电 话：32276575 开户行及账号：工商银行 12918954678052				备注	红叶服装加工厂 发票专用章	

收款人：赵雨 复核：张曼莉 开票人：刘雯菲 销货单位（章）

第三联：发票联 购货方记账凭证

77.1/2

低值易耗品报废申请单

2013 年 12 月 30 日　　　　编号：0132

名称及规格	数　量	单位成本	总 成 本	已摊销金额	账面净值	报废原因
货柜	1	600	600	300	300	损坏
领导审批意见	同意					

会计主管：邓顺义　　　　制单：王川亮

77.2/2

收　料　单

编号：01101

供货单位：零售商场　　2013 年 12 月30 日　　存放地点：批发部仓库

货 号	品　名	规 格	单 位	应收数量	实收数量	单　价	金　额
（略）	报废货柜残料		只	1	1	50.00	50.00
合 计							￥50.00
商品类别：低值易耗品							

入库联

收货人：刘　刚

78.1/1

中国工商银行 广州市分行越秀支行贷款凭证（回单）③

日期：2013年 12 月 30 日

借款人	名　称	燕华商贸有限公司	收款人	名　称	燕华商贸有限公司
	放款户账号	010-0134-10012335766		往来户账号	010-0134-10012335766
	开户银行	工行越秀支行		开户银行	工行越秀支行
借款期限（最后还款日）		3个月	借款计划指标		

借款申请金额	人民币（大写）壹拾伍万元整	十	亿	千	百	十	万	千	百	十	元	角	分
					￥	1	5	0	0	0	0	0	0
借款原因及用途	临时借款充实流动资金　银行核定金额	十	亿	千	百	十	万	千	百	十	元	角	分
					￥	1	5	0	0	0	0	0	0

期限	计划还款日期	✓	计划还款金额	分次还款记录	期次	还款日期	还款金额	结　欠
1								
2								
3								
4								

备　注：

上述借款业已同意贷给并转入你单位往来账户，借款到期时应按期归还。此致

借款单位

（银行盖章）

中国工商银行广州市分行越秀支行 2013.12.30 业务章

此联系核定放款回单代借款人收款通知

79.1/1

存货可变现净值低于成本报告单

填报部门：批发部　　　　2013 年 12 月 30 日

品　名	规　格	计量单位	成本单价	可变现单价	单位减值额	结存数量	减值金额	减值原因
女时装		套	207.00	185.00	22.00	130	2,860.00	式样陈旧
合　计	—	—	—	—	—	—	¥2,860.00	—

审核：邓顺义　　　　制表：张小亚

80.1/1

中华人民共和国
印花税票销售凭证

2013 年 12 月 30 日　　　　编号：378621

购买单位	燕华商贸有限公司				
购　买　印　花　税　票					
面值种类	数　量	金　额	面值种类	数　量	金　额
伍拾元	3	150.00			
伍元	6	30.00			
			总　计	9	¥180.00
金额总计（大写）	壹佰捌拾元整				
销售单位(章)		售票人(章)	备注		

收款专用章

81.1/1

固定资产报废申请单

2013 年 12 月 30日　　　　编号：016

固定资产名称	数　量	原　值	已提折旧额	账面净值	报废原因
运输货车	1	89 600.00	75 200.00	14 400.00	无法使用
领导审批意见	同意				

会计主管：邓顺义　　　　制单：张小亚

82.1/3

广州市（越秀支行）现金送款单

2013 年 12 月 30 日

款项来源	销货款	收款人	全　称	燕华商贸有限公司
解款部门	财务部		账　号	010-0134-10012335766

人民币（大写）：陆仟柒佰元整

千	百	十	万	千	百	十	元	角	分
			¥	6	7	0	0	0	0

票　面	张数	票面	张数	种类	百	十	元	角	分
一百元	62	五元		五角					
五十元	10	二元		二角					
二十元		一元		一角					
十　元				分币					

中国工商银行 越秀支行 现金收讫

（收款银行盖章）

此联由银行盖章后退解款人

82.2/3

商品销售收入缴款单

缴款部门：水产部　　2013 年 12 月 30 日

货款种类	张数	金　额	货款种类	张数	金　额
现金：			银行卡签购单		
其中：票面100元	30	3,000.00	转账支票		
票面50元	6	300.00	银行本票		
票面20元					
票面10元					
票面5元					
票面2元					
票面1元					
角票、分币					
缴款金额人民币（大写）叁仟叁佰元整			￥ 3,300.00		

缴款人：王波　　收款人：王芳

收讫

82.3/3

商品销售收入缴款单

缴款部门：水果部　　2013 年 12月 30 日

货款种类	张数	金　额	货款种类	张数	金　额
现金：			银行卡签购单		
其中：票面100元	32	3,200.00	转账支票		
票面50元	4	200.00	银行本票		
票面20元					
票面10元			（注：该批水果进价2,500元）		
票面5元					
票面2元					
票面1元					
角票、分币					
缴款金额人民币（大写）叁仟肆佰元整			￥ 3,400.00		

缴款人：王波　　收款人：王芳

收讫

83.1/3

销 货 更 正 单

2013 年12 月30 日

购货单位：燕华商贸有限公司　　原发货单位编号：8569　　日期：2013年12月22日　单位：元

项目	规格、品名	单位	数量	单价	金额	税率（%）	税额
原来	夹心饼干		800	12.50	10,000.00	17	1,700.00
更正				11.50	9,200.00	17	1,564.00
原来	曲奇饼干		800	9.50	7,600.00	17	1,292.00
更正				10.00	8,000	17	1,360.00
应收 应付	人民币（大写）				应收￥ 应付￥		
更正原因	价格变动						

东莞大华食品厂 业务专用章

制表：张丽莎

83.2/3

广东增值税专用发票

No 00456783

(红　字)发　票　联

开票日期：2013 年 12 月 30 日

购货单位	名称：燕华商贸有限公司 纳税人识别号：4400018631465 地址、电话：广州市中山三路154号 83487965 开户行及账号：工商银行越秀支行010-0134-10012335766				密码区	（略）	
货物或应税劳务名称	规格型号	单位	数量	单价	金额	税率	税额
夹心饼干	（略）	盒	800	1.00	800.00	17%	136.00
合　计					¥800.00		¥136.00
价税合计（大写）	玖佰叁拾陆元整					（小写）¥936.00	
销货单位	名称：东莞大华食品厂 纳税人识别号：44000514058916 地址、电话：41276573 开户行及账号：工商银行021-259-039				备注		

收款人：王月美　复核：邓安　开票人：周洪　销货单位：东莞大华食品厂 发票专用章

第三联：发票联 购货方记账凭证

83.3/3

广东增值税专用发票

No 00456783

发　票　联

开票日期：2013 年 12 月 30 日

购货单位	名称：燕华商贸有限公司 纳税人识别号：4400018631465 地址、电话：广州市中山三路154号 83487965 开户行及账号：工商银行越秀支行010-0134-10012335766				密码区	（略）	
货物或应税劳务名称	规格型号	单位	数量	单价	金额	税率	税额
曲奇饼干	（略）	盒	800	0.50	400.00	17%	68.00
合　计					¥400.00		¥68.00
价税合计（大写）	肆佰陆拾捌元整					（小写）¥468.00	
销货单位	名称：东莞大华食品厂 纳税人识别号：44000514058916 地址、电话：41276573 开户行及账号：工商银行021-259-039				备注		

收款人：王月美　复核：邓安　开票人：周洪　销货单位：东莞大华食品厂 发票专用章

第三联：发票联 购货方记账凭证

84.1/9

销货款短缺溢余报告单

部门：食品组　　2013年 12月 31日

销售金额	13, 952.50	部门意见	
实收金额	13, 962.50		
短缺款		领导审批	
溢余款	10		
溢缺原因	待查		

收款员：王波

84.2/9

商品销售收入缴款单

缴款部门：食品组　　　　2013 年 12 月31日

货款种类	张数	金　额	货款种类	张数	金　额
现金：			银行卡签购单	2	5,440.00
其中：票面100元	40	4,000.00	转账支票	1	4,522.50
票面50元			银行本票		
票面20元					
票面10元					
票面5元					
票面2元					
票面1元					
角票、分币					

收讫

缴款金额人民币（大写）壹万叁仟玖佰陆拾贰元伍角整　　￥ 13,962.50

缴款人：王波　　　　收款人：王芳

84.3/9

商品销售收入缴款单

缴款部门：服装组　　　　2013 年 12月31 日

货款种类	张数	金　额	货款种类	张数	金　额
现金：			银行卡签购单	2	7,150.00
其中：票面100元	1000	100,000.00	转账支票	1	
票面50元	100	5,000.00	银行本票		
票面20元	15	300.00			
票面10元	9	90.00			
票面5元					
票面2元					
票面1元	4	4.00			
角票、分币					

收讫

缴款金额人民币（大写）壹拾壹万贰仟伍佰肆拾肆元整　　￥ 112,544.00

缴款人：王波　　　　收款人：王芳

84.4/9

商品销售收入缴款单

缴款部门：首饰组　　　　2013 年 12 月31日

货款种类	张数	金　额	货款种类	张数	金　额
现金：			银行卡签购单	2	17,000.00
其中：票面100元	340	34,000.00	转账支票	1	8,500.00
票面50元			银行本票		
票面20元					
票面10元					
票面5元					
票面2元					
票面1元					
角票、分币					

收讫

缴款金额人民币（大写）伍万玖仟伍佰元整　　￥ 59,500.00

缴款人：王波　　　　收款人：王芳

84.5/9

工商银行 进账单 （回 单） 1

2013 年 12 月 31 日

出票人	全　称	天富商场	收款人	全　称	燕华商贸有限公司
	账　号	021-6547-321564		账　号	010-0134-10012335766
	开户银行	建设银行东风分行		开户银行	工商银行越秀支行

金额	人民币（大写）	亿	千	百	十	万	千	百	十	元	角	分
	壹万叁仟零贰拾贰元伍角整				¥	1	3	0	2	2	5	0

票据种类	支票	票据张数	壹张
票据号码			

复核　　记账

中国工商银行 越秀支行 2013.12.31 转讫

开户银行盖章

此联是开户银行交给持（出）票人的回单

84.6/9

广州市（越秀支行）现金送款单

2013 年 12 月 31 日

款项来源	销货款	收款人	全　称	燕华商贸有限公司
解款部门	财务部		账　号	010-0134-10012335766

人民币（大写）	千	百	十	万	千	百	十	元	角	分
壹拾肆万叁仟叁佰玖拾肆元整		¥	1	4	3	3	9	4	0	0

票面	张数	票面	张数	种类	百	十	元	角	分
一百元	1380	五元		五角					
五十元	100	二元		二角					
二十元	15	一元	4	一角					
十　元	9			分币					

中国工商银行 越秀支行 现金收讫

（收款银行盖章）

此联由银行盖章后退解款人

84.7/9

中国工商银行银联卡

汇　计　单

编号：08325

日　　期 2013年12月31日

特约单位名称：燕华商贸有限公司

签购单总份数 6

总 计 金 额 29,590.00

特约单位编号：

手 续 费 9% 266.31

净 计 金 额 29,323.69

燕华商贸有限公司 财务专用章

第一联：银行盖章后退特约单位作交费收据

84.8/9

Uninon Pay 银联 签购单

商户存根

特约商户名称：燕华商贸有限公司
POS号：000612
终端机号：20869003
特约商户编号：102290053110632

卡别/卡号
8418 2367 8372 1109 (工行)
交易类型：消费　有效期：13/09
批次号码：872136　查询号：6823
时间/日期 13/12/31
序号：200213066　授权号：80559
金额：￥2,440.00
（同意支付上述款项）

（持卡人签字）
王娜

Uninon Pay 银联 签购单

商户存根

特约商户名称：燕华商贸有限公司
POS号：000613
终端机号：20869003
特约商户编号：102290053110632

卡别/卡号
5309 7086 3654 2981 (工行)
交易类型：消费　有效期：13/09
批次号码：8726692　查询号：5736
时间/日期 13/12/31
序号：191347030　授权号：64817
金额：￥3,000.00
（同意支付上述款项）

（持卡人签字）
钟　明

Uninon Pay 银联 签购单

商户存根

特约商户名称：燕华商贸有限公司
POS号：000613
终端机号：20869003
特约商户编号：102290053110632

卡别/卡号
5309 7086 3654 2981 (工行)
交易类型：消费　有效期：13/08
批次号码：878215　查询号：7621
时间/日期 13/12/31
序号：194804050　授权号：75271
金额：￥2,000.00
（同意支付上述款项）

（持卡人签字）
许　丽

84.9/9

Uninon Pay 银联 签购单

商户存根

特约商户名称：燕华商贸有限公司
POS号：000612
终端机号：20869003
特约商户编号：102290053110632

卡别/卡号
8418 2367 8372 1109 (工行)
交易类型：消费　有效期：13/09
批次号码：872136　查询号：6823
时间/日期 13/12/31
序号：200213066　授权号：80559
金额：￥5,150.00
（同意支付上述款项）

（持卡人签字）
赵小敏

Uninon Pay 银联 签购单

商户存根

特约商户名称：燕华商贸有限公司
POS号：000613
终端机号：20869003
特约商户编号：102290053110632

卡别/卡号
5309 7086 3654 2981 (工行)
交易类型：消费　有效期：13/09
批次号码：8726692　查询号：5736
时间/日期 13/12/31
序号：191347030　授权号：64817
金额：￥9,000.00
（同意支付上述款项）

（持卡人签字）
陈　东

Uninon Pay 银联 签购单

商户存根

特约商户名称：燕华商贸有限公司
POS号：000613
终端机号：20869003
特约商户编号：102290053110632

卡别/卡号
5309 7086 3654 2981 (工行)
交易类型：消费　有效期：13/08
批次号码：878215　查询号：7621
时间/日期 13/12/31
序号：194804050　授权号：75271
金额：￥8,000.00
（同意支付上述款项）

（持卡人签字）
徐　红

85.1/2

商品盘点短缺溢余报告单

部门：食品组　　2013年12月31日　　编号：1202

账存金额	9,263.49	溢余金额		短缺或溢余原因	待查
实存金额	9,033.49	短缺金额	230.00		
上月本柜组差价率			20.26%		
溢余商品差价		溢价商品进价			
短缺商品差价	45.60	短缺商品进价	184.40		
领导批复		部门意见			

记账联

审批人：邓顺义　　柜组长：张文红　　复核：张文红　　制单：王波

85.2/2

商品盘点短缺溢余报告单

部门：服装组　　2013年12月31日　　编号：1203

账存金额	550,140.00	溢余金额		短缺或溢余原因	待查
实存金额	550,052.80	短缺金额	87.20		
上月本柜组差价率			23.64%		
溢余商品差价		溢价商品进价			
短缺商品差价	20.61	短缺商品进价	66.59		
领导批复		部门意见			

记账联

审批人：邓顺义　　柜组长：张文红　　复核：张文红　　制单：王波

86.1/3

广州市人民医院
门诊医疗费收据

姓名：邓红波　　№90049217

项目	百	十	元	角	分	
检查费	9	8	0	0	0	
治疗费	8	6	0	0	0	
放射费						
手术费						
化验费	1	9	0	0	0	
输血费						
输氧费						备注
观察床费						1. 收据丢失不补
西药费	2	3	0	5	0	2. 无收讫印无效
中成药费						3. 检查费包括心电、脑电、B超、镜检等各种仪器检查
中草药费						
自费中药						
自费西药						
						¥:2260.50
人民币(大写)：贰仟贰佰陆拾零元伍角零分						

广州市人民医院 现金收讫

86.2/3

职工医疗费报销单

部门：商场　　　　填表日期：2013 年12 月 31 日

姓　　名	邓伟刚	性　　别	男	就 诊 医 院
家属姓名	邓红波	家属年龄	8周岁	白云区中心医院
项　　目	实际金额	个人承担	报销金额	备注：
药　　费	2260.5	50%	1130.25	现金付讫
检 查 费				
治 疗 费				
其　　他				
实际报销金额(大写):壹仟壹佰叁拾零元贰角伍分整				¥1130.25 元

审核：　　　　制表：　　　　报销人：邓伟刚

86.3/3

职工生活困难补助申请单

2013 年 12 月 31 日

部门	仓　　库	申 请 人	陈红
补助原因	爱人下岗待业在家		
金额	人民币(大写)壹仟元整		
部门意见	同意　现金付讫　周伟 2013 年 12 月 31 日		
工会意见	同意　赵晓阳 2013 年 12 月 31 日		

87.1/2

出借包装物入库单

部门：仓库　　　　2013年 12月 31日　　　　编号：1218

归还包装物单位名称		兴顺公司		
名称	计量单位	单价	数量	金额
塑料包装箱	只	60.00	250	¥15,000.00

收料人：刘刚

88.1/1

耗用原材料汇总表

2013年12月31日　　编号：0336

品　名	计量单位	数　量	单　价	金　额	用　途
柴油	升	137	6.70	917.90	仓库装卸商品
铜锁	只	2	25.00	50.00	仓库保管
日光灯管	支	4	12.00	48.00	仓库照明
日光灯管	支	10	12.00	120.00	营业、办公
复印纸	封	18	21.60	388.80	办公
墨盒	只	4	38.80	155.20	办公
圆珠笔	支	20	15.00	300.00	营业、办公
圆珠笔芯	支	20	0.50	10.00	营业、办公
包装带	卷	10	12.10	121.00	包装商品
塑料袋	盒	7	10.00	70.00	包装商品
木材	立方米	0.5	998.00	499.00	修理货架
拖把	只	5	6.00	30.00	清洁环境
账页	本	8	8.20	65.60	记账
信纸	本	8	3.20	25.60	办公
信封	刀	5	3.00	15.00	办公
发票	本	15	6.00	90.00	营业
合　计				2, 906.10	

记账：李文红　　复核：邓顺义　　制表：张小亚

87.2/2

中国工商银行
支 票 存 根
XVI0013698032
附加信息

出票日期　2013年12月31日

收款人：	兴顺公司
金　额：	¥10,000.00
用　途：	归还押金

单位主管：邓顺义　会计：张小亚

89.1/1

坏账损失报告单

2013年12月31日

应收账款单位名称	天华商场	金　额	15,000.00
原　因	因该商店已破产，账款无法收回		
领导审批意见	同意 2013.12.31		

90.1/1

工资结算汇总表

2013年12月31日

部　门	标准工资	病事假扣款	应发标准工资	奖　金	食品补贴	应发工资合计	非工资性津贴	
							车贴	房贴
商品经营部门	23 900.00	50.00	23 850.00	2 120.00	800.00	26 770.00	1 500.00	179.00
行政管理部门	6 960.00	10.00	6 950.00	950.00	200.00	8 100.00	140.00	21.00
合　计	30 860.00	60.00	30 800.00	3 070.00	1 000.00	34 870.00	1 640.00	200.00

部　门	代扣款项							实发金额
	住房公积金	养老保险金	医疗保险金	失业保险金	个人所得税	工会经费	合　计	
商品经营部门	2 762.50	2 300.00	1 075.00	567.50	133.75	120.93	6 959.68	21 489.32
行政管理部门	568.40	649.10	162.50	81.00	67.00	18.27	1 546.27	6 714.73
合　计	3 330.90	2 949.10	1 237.50	648.50	200.75	139.20	8 505.95	28 204.05

91.1/5　　受托代销售货小票（第二联：记账联）

商品品名：	女时装
数量：	50
单位售价：	260.00
合计金额：	13 000.00

现金收讫

收款员：王波　　售货员：李丽

91.2/5

中国工商银行广州市(越秀支行)现金送款单(回单) ①

2013 年12 月 31 日

款项来源	销货款	收款人	全　称	燕华商贸有限公司
解款部门	财务部		账　号	010-0134-10012335766
人民币(大写)：	壹万叁仟元整		千百十万千百十元角分	¥1 3 0 0 0 0 0

票　面	张数	票面	张数	种类	百	十	元	角	分	
一百元	130	五元		五角						
五十元		二元		二角						
二十元		一元		一角						
十　元				分币						（收款银行盖章）

中国工商银行 越秀支行 现金收讫

此联由银行盖章后退解款人

91.3/5

代销商品销售清单

2013年 12月31日　　字第 098 号

受托方：燕华商贸有限公司				委托方：顺意服装厂				代销合同协字 0121 号		
货号	品名	规格	单位	数量		代销价		增值税额	手续费	
				来货	已销	单价	金额		比例	金额
	女时装		套	50	50	210	10 500.00	1 785.00		

售货人：李丽　　经办人：张洋　　制单：王波

91.4/5

广东增值税专用发票

No 00156781

发票联（全国统一发票监制章 国家税务总局监制）　　开票日期：2013年12月31日

购货单位	名　　称：燕华商贸有限公司 纳税人识别号：4400018631465 地 址、电 话：广州市中山三路154号 83487965 开户行及账号：工商银行越秀支行010-0134-10012335766	密码区	（略）

货物或应税劳务名称	规格型号	单位	数量	单价	金额	税率	税额
女时装	（略）	套	50	210.00	10500.00	17%	1785.00
合　计					¥10500.00		¥1785.00
价税合计（大写）	壹万贰仟贰佰捌拾伍元整					（小写）¥12，285.00	

销货单位	名　　称：顺意服装厂 纳税人识别号：35640023121578 地 址、电 话：47564321 开户行及账号：农行01- 5672-0986	备注	顺意服装厂 发票专用章

收款人：李怀思　　复核：张恩宁　　开票人：陈新华　　销货单位：

第三联：发票联 购货方记账凭证

91.5/5

中国工商银行
支 票 存 根
XVI0013698033
附加信息

出票日期 2013 年 12 月 31 日

收款人：	顺意服装厂
金　额：	￥12,285.00
用　途：	代销货款

单位主管：邓顺义 会计：张小亚

92.1/3

固定资产清理结果报告单

2013 年 12 月 31 日　　编号：016

固定资产名称	数 量	原 值	已提折旧额	账面净值	变价收入	清理费用	清理结果
运输货车	1	89,600.00	75,200.00	14,400.00			
领导审批意见	同意						

会计主管：邓顺义　　制单：张小亚

92.2/3

工商银行 进 账 单 （回 单） 1

2013 年 12 月 31 日

出票人	全　称	江海公司	收款人	全　称	燕华商贸有限公司
	账　号	021-6547-321561		账　号	010-0134-10012335766
	开户银行	建设银行东风分行		开户银行	工商银行越秀支行
金额	人民币（大写）	柒仟陆佰元整		亿千百十万千百十元角分	￥760000
票据种类	支票	票据张数	壹张		
票据号码					
复核　记账				开户银行盖章	

中国工商银行 越秀支行 2012.12.31 转讫

此联是开户银行交给持（出）票人的回单

92.3/3

中国工商银行
支 票 存 根
XVI0013698034
附加信息

出票日期 2013 年 12 月 31 日

收款人：	天宏商场
金　额：	￥1,680.00
用　途：	清理费

单位主管：邓顺义　会计：张小亚

93.1/2

商品盘点短缺溢余报告单

部门：食品组　　2013年 12月 31日　　编号：1202

				短缺或溢余原因	
账存金额	9,263.49	溢余金额			售货员王华过失
实存金额	9,033.49	短缺金额	230.00		
上月本柜组差价率			20.26%		
溢余商品差价		溢价商品进价			
短缺商品差价	45.60	短缺商品进价	184.40		
领导批复	按规定由责任人赔偿		部门意见	由责任人赔偿	

核销联

审批人：邓顺义　　柜组长：张文红　　复核：张文红　　制单：王波

93.2/2

商品盘点短缺溢余报告单

部门：服装组　　2013 年 12 月 31 日　　编号：1203

				短缺或溢余原因	
账存金额	550,140.00	溢余金额			销货发错商品
实存金额	550,052.80	短缺金额	87.20		
上月本柜组差价率			23.64%		
溢余商品差价		溢价商品进价			
短缺商品差价	20.61	短缺商品进价	66.59		
领导批复	同意转作企业损失		部门意见	要求做企业损失处理	

核销联

审批人：邓顺义　　柜组长：张文红　　复核：张文红　　制单：王波

94.1/1

待摊费用摊销计算表

2013 年 12 月 31日

摊销项目	费用总额	抵销月数	本期摊销额
财产保险费	30,000.00	12	2,500
修理费	19,200.00	12	1,600
报刊杂志费	2,640.00	12	220
合计			4,320

95.1/1

委托加工商品成品回收单

委 托 方	燕华商贸有限公司		受 托 方	红叶服装加工厂	
委托日期	2013.12.20		回收日期	2013.12.31	
成品名称	女时装（新款）				
原 材 料	数 量	单 价	金 额	加 工 费	增 值 税
女时装	500	210.00	105,000.00	5,000.00	850.00
合计金额(大写) 壹拾壹万零捌佰伍拾元整					¥110,850.00
合格成品数	500		废 品 数		

委托方经手：张红霞　　　　受托方经手：王涛

96.1/2

饮食业统一发票

全国统一发票监制章 国家税务总局监制

发票联

客户名称：燕华商贸有限公司　　2013 年 12 月 31日　　编号：478925

品　　名	数　　量	单　　价	金额 万	千	百	十	元	角	分
餐　　费				2	6	8	0	6	0
合　　计			¥	2	6	8	0	6	0
人民币(大写) 贰仟陆佰捌拾元陆角									

收款单位(盖章有效)：尔乐酒楼 发票专用章　　收款：王飞　　开单：周小洁

96.2/2

中国工商银行
支 票 存 根
XVI0013698035
附加信息

出票日期 2013年12月31日

收款人：	尔乐酒楼
金　额：	¥2,680.60
用　途：	招待客户费用

单位主管：郑顺义　会计：张小亚

97.1/1

商品削价报告单

部门：食品组　　2013 年 12月 31 日

商品名称	单位/规格	数量	原售价 单价	原售价 金额	现售价(不含税) 单价	现售价(不含税) 金额	变动金额
曲奇饼干	盒	25	12.80	320	11.50	287.50	32.5
夹心饼干	盒	13	15.20	197.60	13.80	179.40	18.20
合计		38		517.60		466.90	50.70

主管：宋楠　　复核：李文辉　　制单：张红霞

98.1/2

广东增值税专用发票

No 00450398

发 票 联　（全国统一发票监制章 国家税务总局监制）

开票日期：2013年12月31日

购货单位	名　　　称：燕华商贸有限公司 纳税人识别号：4400018631465 地 址、电 话：广州市中山三路154号 83487965 开户行及账号：工商银行越秀支行010-0134-10012335766				密码区	（略）	
货物或应税劳务名称	规格型号	单位	数量	单价	金额	税率	税额
黄鱼	（略）	盒	900	20.00	18000.00	17%	3060.00
合　计					¥18000.00		¥3060.00
价税合计（大写）	贰万壹仟零陆拾元整					（小写）¥21,060.00	
销货单位	名　　　称：隆鑫水产公司 纳税人识别号：44000514034518 地 址、电 话：81276573 开户行及账号：工商银行021-564-32335672366				备注		

收款人：李举义　复核：张欣　开票人：陈艺颂　销货单位：（隆鑫水产公司 发票专用章）

第三联：发票联 购货方记账凭证

98.2/2

中国工商银行
支票存根
XVI0013698036
附加信息

出票日期 2013年12月31日

收款人：	隆鑫水产公司
金　额：	¥21,060.00
用　途：	购货

单位主管 邓顺义　会计 张小亚

99.1/1

债券利息计算表

2013年 12 月 30 日

项目	本金	年利率	期限	年利息
国库券	300 000	5.2%	3年	15,600.00
合　计				¥15,600.00

复核：邓顺义　制单：张文红

100.1/1

固定资产折旧计算表

2013年 12月 31 日

固定资产类别	固定资产原值	预计使用寿命(年)	净残值率（%）	月折旧额
房屋及建筑	*1 380 600.00*			
其中：营业厅	*886 100.00*	*40*	*3*	
办公室	*137 600.00*	*32*	*4*	
仓库	*356 900.00*	*30*	*4*	
营业设备	*252 800.00*	*10*	*4*	
运输装卸设备	*294 500.00*	*8*	*5*	
管理设备	*85 000.00*	*6*	*4*	
合　计	*2 012 900.00*			

101.1/1

商品调价差额调整单

编号：1257

填报部门：服装组　　2013 年 12 月 31 日　　调价通知：调字第2号

品　名	计量单位	盘存数量	零售单价		调整单价差额		调高金额	调低金额
			新价	原价	增加	减少		
男西装	套	42	391	380	11		462.00	
女时装	套	85	240	260		20		1,700.00
合　计							¥462.00	¥1,700.00

审批人：邓顺义　　柜组长：张文红　　复核：张文红　　制单：王波

102.1/1

中国工商银行广州市分行越秀支行(收据)

2013 年 12 月 31 日

缴款人名称	燕华商贸有限公司											账　号	010-0134-10012335766
收费名称	数量	单价	金额									备注	
			十	万	千	百	十	元	角	分			
银行汇票手续费	1	5.00						5	0	0		款项已从你单位账户转讫。 银行盖章：	
电汇手续费	4	12.00					4	8	0	0			
托收承付手续费	3	18.00					5	4	0	0			
委托收款手续费	4	12.50					5	0	0	0			
合　计					¥	1	5	7	0	0			
人民币（大写）壹佰伍拾柒元整													

此联由银行盖章后交客户

（印章：中国工商银行广州市分行越秀支行 2013.12.31 业务章）

103.1/2

工商银行业务委托书(收账通知)　4

日期：2013 年 12 月 31 日

业务类型	☑电汇　☐汇票申请书　☐本票申请书　☐其他________			
汇款人（申请人）全称	南山服装厂	收款人 全称	燕华商贸有限公司	
账号或地址	151137812357	账号或地址	010-0134-10012335766	
开户银行	工行昆山支行	开户银行	工行越秀支行	

金额（大写）贰仟元整	亿	千	百	十	万	千	百	十	元	角	分
						¥	2	0	0	0	0	0

用途	违约赔偿金	支付密码	
备注： 银行签章		上列款项已划入你方账户内。 收款人开户银行签章：	

第一联：回单联

（印章：中国工商银行广州市分行越秀支行 2013.12.31 业务章）

103.2/2

广州市企业单位统一收据

记 账 联

交款单位：南山服装厂　　2013年12月31日　　编号：592136

项目	十	万	千	百	十	元	角	分	备注
合同违约赔偿金		¥	2	0	0	0	0	0	
合计		¥	2	0	0	0	0	0	
人民币（大写）贰仟元整									

收款单位（盖章有效）：燕华商贸有限公司 发票专用章　　收款人：王芳

104.1/2

代销商品销售清单

2013年 12月31日　　字第091号

受托方：中山恒宇商场				委托方：燕华商贸有限公司				代销合同协字295号		
货号	品名	规格	单位	数量		代销价		增值税额	手续费	
				来货	已销	单价	金额		比例	金额
	男西装		套	400	300	358	107,400.00	18,258.00	10%	10,740.00

售货人：李菁红　　经办人：张洪宇　　制单：王维娜

104.2/2

广东增值税专用发票

No 00450309

此联不做报销、扣税凭证使用　　开票日期：2013年12月31日

购货单位	名称：中山恒宇商场 纳税人识别号：56000025432612 地址、电话：83672546 开户行及账号：025-96132					密码区	
货物或应税劳务名称	规格型号	单位	数量	单价	金额	税率	税额
男西装		套	300	358	107400.00	17%	18258.00
合计					¥107400.00		¥18258.00
价税合计（大写）	壹拾贰万伍仟陆佰伍拾捌元整				（小写）¥125, 658.00		
销货单位	名称：燕华商贸有限公司 纳税人识别号：4400018631465 地址、电话：广州市中山三路154号 83487965 开户行及账号：工商银行越秀支行010-0134-10012335766					备注	

第一联：记账联 销货方记账凭证

收款人：王芳　　复核：张辰　　开票人：王勇　　销货单位：燕华商贸有限公司 发票专用章

105.1/1

工商银行 **进 账 单** （回 单） 1

2013 年 12 月 31 日

出票人	全　　称	天河分店	收款人	全　　称	燕华商贸有限公司
	账　　号	021-6546-321561		账　　号	010-0134-10012335766
	开户银行	建设银行东风分行		开户银行	工商越秀支行

金额	人民币（大写）	贰万零捌佰元整	亿	千	百	十	万	千	百	十	元	角	分
						¥	2	0	8	0	0	0	0

票据种类	支票	票据张数	壹张
票据号码			

复核　　记账

中国工商银行 越秀支行 2013.12.31 转讫

开户银行盖章

此联是开户银行交给持（出）票人的回单

107.1/2

产品销售成本汇总计算表

年　月　日

部门：批发部　　金额单位：元

产品名称	销售数量（盒）	单位成本	总成本
合计			

复核：　　制表：

107.2/2

产 品 销 售 成 本 计 算 表

年　月　日

金额单位：元

部门	期初结存商品金额	本期收入商品金额	本期非销售发出商品金额	期末商品结存金额	本期商品销售成本
水产部	46,600	1,800		43,120	
合计					

复核：　　制表：

108.1/1

已销商品进销差价计算表

年　月　日

营业柜组	期末库存商品账户余额	期末受托代销商品账户余额	主营业务收入贷方发生额	本期存销商品合计额	结转前商品进销差价账户余额	差价率（%）	已销商品进销差价	期末商品进销差价
合计								

复核：　　　　制表：

109.1/1

零售商品销售收入调整及销项税额计算表

营 业 柜 组	调整前主营业务收入账户余额	调 整 率	零售商品销售收入	销 项 税 额

110.1/1

无形资产摊销表

2013年12月31日

无形资产名称	本月摊销	未摊销额
商标权	2,100.00	123,900.00
土地使用权	1,250.00	63,750.00
合计	3,350.00	187,650.00

制单：　　　　审批：

111.1/1

坏账准备计算表

年　月　日

应收账款金额	计提比例	计提坏账准备

制单：　　　　审批：

112.1/1

固定资产减值准备计算表

年　月　日

账面余额	可回收余额	固定资产跌价准备额

制单：　　　　审批：

113.1/2

车船税纳税申报表

纳税人识别号 □□□□□□□□□□□□□□□□□□□□

纳税人名称：（公章）

税款所属期限：自　　年　　月　　日至　　年　　月　　日

填表日期：　　年　　月　　日　　　　金额单位：元

车船类别		计税单位	税额标准	数量	吨位	本期应纳税额	本期已缴税额	本期应补（退）税额
载客汽车	乘坐人数大于或等于20人	每辆						
	乘坐人数大于9人小于20人	每辆						
	乘坐人数小于或等于9人	每辆						
	发动机汽缸总排气量小于等于1升	每辆						
载货汽车(包括半挂牵引车、挂车)		按自重每吨						
三轮汽车		按自重每吨						
低速货车		按自重每吨						
摩托车		每辆						
专项作业车		按自重每吨						
轮式专用机械车		按自重每吨						
小计			—					
	净吨位小于或等于200吨	每吨	3元					
	净吨位201吨至2000吨	每吨	4元					
	净吨位2001吨至10000吨	每吨	5元					
	净吨位10001吨及其以上	每吨	6元					
	小计		—					
合计								

纳税人或代理人声明： 此纳税申报表是根据国家税收法律的规定填报的，我确信它是真实的、可靠的、完整的。	如纳税人填报，由纳税人填写以下各栏					
	经办人（签章）		会计主管（签章）		法定代表人（签章）	
	如委托代理人填报，由代理人填写以下各栏					
	代理人名称				代理人（公章）	
	经办人（签章）					
	联系电话					

以下由税务机关填写

受理人		受理日期		受理税务机关（签章）	

填表说明：

1.本表适用于自行申报车船税的纳税人填报。

2.本表“车船类别”相应栏次分别根据《附表》同类别车船对应栏次合计填写。

113.2/2

房产税（城市房地产税）纳税申报表

纳税人识别号 □□□□□□□□□□□□□□□□□□□□

纳税人名称：（公章）

税款所属期限：自　　年　　月　　日至　　年　　月　　日　　　填表日期：　　年　　月　　日　　　金额单位：元（列至角分）

项目	从价计税的房产原值	税率	本期应纳税额	本期已缴税额	本期应补（退）税额
从价计税的房产	1	2	3	4	5=3-4
小计		—			
项目	本期租金收入	税率	本期应纳税额	本期已缴税额	本期应补（退）税额
从租计税的房产	1	2	3=1×2	4	5=3-4
小计		—			
合计	—	—			

纳税人或代理人声明：	如纳税人填报，由纳税人填写以下各栏		如委托代理人填报，由代理人填写以下各栏		
此纳税申报表是根据国家税收法律的规定填报的，我确信它是真实的、可靠的、完整的。	经办人（签章）		代理人名称		
	会计主管（签章）		经办人（签章）		
	法定代表人（签章）		联系电话		

以下由税务机关填写

受理人		受理日期		受理税务机关（签章）	

填表说明：

1. 本表适用于中国境内房产税纳税人填报。
2. 纳税人有多处房产的，按房产的不同坐落地点分别向房产坐落地主管地方税务机关申报缴纳房产税。
3. 本表“从价计税的房产”项目的“小计”数据根据附表的“合计”栏数据填写。

114.1/1

增值税纳税申报表(适用于一般纳税人)

根据《中华人民共和国增值税暂行条例》第二十二条和第二十三条的规定制定本表。纳税人不论有无销售额，均应按主管税务机关规定的纳税期限填报本表，并于规定期限内，向当地税务机关申报纳税并结清上月应纳税款。

税款所属时间：自　　年　　月　　日至　　年　　月　　日

填表日期：　　年　　月　　日

金额单位：元

电脑编码					
纳税人识别号					
纳税人名称		法定代表人姓名		营业地址	
开户银行及账号		企业登记注册类型		电话号码	

	项目		栏次	销售额		税额	
				本月数	本年累计数	本月数	本年累计数
				（a）	（b）	（c）	（d）
销项	按适用税率征税货物及劳务		1=2+3				
	应税货物：货物名称	适用税率（%）			—		—
					—		—
					—		—
	视同销售				—		—
	小计		2				
	应税劳务		3				
	按简易征收办法征税货物		4=5+6+7				
	其中：适用6%征收率的货物		5				
	适用4%征收率的货物		6				
			7				
	免税货物		8			—	—
	出口货物免税销售额		9			—	—

	项目	栏次	本月数：合计	17%税率	13%税率	10%扣除率	7%扣除率	6%征收率	4%征收率	期初存货已征税款	本年累计数
进项	本期进项税额发生额	10									
	进项税额转出	11								—	
	其中：免税货物用	12								—	
	非应税项目用	13								—	
	非正常损失	14								—	
	简易办法征税货物用	15								—	
	免抵退货物不得抵扣税额	16								—	
	其他	17								—	
	期初存货已征收税款期末余额	18		—	—	—	—	—	—		—
		19									

	项目	栏次	本月数	本年累计数
税款计算	销项税额合计	20=1c		
	进项税额合计	21=10-11		
	上期留抵税额	22		
	免抵退货物应退税额	23		
	应抵扣税额合计	24=21+22-23		—
	实际抵扣税额	25(如24<20则为24，否则为20)		
	应纳税额	26=20+4c-25		
	代扣代缴税额	27		
	本期应纳税额合计	28=26+27		
	期末留抵税额	29=24-25		—
税款缴纳	期初未缴税额(多缴为负数)	30		—
	本期已缴税额	31		
	期中：本期应缴税额预缴数	32		—
	期末未缴税额(多缴为负数)	33=30+28-31		—
	期中：欠缴税额	34		—
	本期应补(应退)税额	35=28-32		—

授权声明

（如果你已委托代理申报人，请填写下列资料）

为代理一切税务事宜，现授权　　（地址）　　为本纳税人的代理申报人。任何与本申报表有关的往来文件都可寄与此人。

授权人签字：

申报人声明

此纳税申报表是根据《中华人民共和国增值税暂行条例》的规定填报的。我确信它是真实的、可靠的、完整的。

声明人签字：

会计主管签字：　　代理申报人签字：　　纳税人盖章：

以下由税务机关填写：

收到日期：　　接收人：　　主管税务机关盖章：

115.1/2

应交税费计算表

单位名称： 年 月 日 金额单位：元

税种、税目	计税依据		适用税率	应交税费	备注
	项目	金额			
城市维护建设税	应交增值税		7%		
教育费附加	应交增值税		3%		
合计					

会计主管： 复核： 记账： 制单：

115.2/2

城市维护建设税纳税申报表

填表日期： 年 月 日 开户银行：

纳税人识别号 □□□□□□□□□□□□□□□□□□□□ 账 号：

金额单位：人民币元（列至角分）

<table>
<tr><td>纳税人名称</td><td colspan="3"></td><td>税款所属时期</td><td colspan="3"></td></tr>
<tr><td>计税依据</td><td>计税金额</td><td>税率</td><td>应纳税额</td><td>已纳税额</td><td colspan="3">应补（退）税额</td></tr>
<tr><td>1</td><td>2</td><td>3</td><td>4=2×3</td><td>5</td><td colspan="3">6=4－5</td></tr>
<tr><td>增值税</td><td></td><td></td><td></td><td></td><td colspan="3"></td></tr>
<tr><td>营业税</td><td></td><td></td><td></td><td></td><td colspan="3"></td></tr>
<tr><td>消费税</td><td></td><td></td><td></td><td></td><td colspan="3"></td></tr>
<tr><td></td><td></td><td></td><td></td><td></td><td colspan="3"></td></tr>
<tr><td>合计</td><td></td><td></td><td></td><td></td><td colspan="3"></td></tr>
<tr><td colspan="3">如纳税人填报，由纳税人填写以下各栏</td><td colspan="4">如委托代理人填报，由代理人填写以下各栏</td><td>备注</td></tr>
<tr><td rowspan="3">会计主管（签章）</td><td rowspan="3">经办人（签章）</td><td rowspan="3">纳税人（签章）
年 月 日</td><td>代理人名称</td><td colspan="2"></td><td rowspan="3">代理人（签章）</td><td rowspan="3"></td></tr>
<tr><td>代理人名称</td><td colspan="2"></td></tr>
<tr><td>经办人</td><td>电话</td><td></td></tr>
<tr><td colspan="8">以下由税务机关填写</td></tr>
<tr><td>收到申报表日期</td><td colspan="2"></td><td>接收人</td><td colspan="4"></td></tr>
</table>

117.1/2

所得税计税表

年 月 日

税前会计利润	余额
加:永久性差异 减：时间性差异 应纳所得税 所得税税率 本期应交所得税	
本期所得税费用	

制表： 审批：

117.2/2

企业所得税年度纳税申报表

税款所属期间　　年　　月　　日至　　年　　月　　日

纳税人代码：□□□□□□□□　　　　　　　　金额单位：元（列至角分）

纳税人名称		登记注册类型	
	行次	项　目	金　额
收入总额	1	销售(营业)收入（请填附表一）	
	2	投资收益（请填附表三）	
	3	投资转让净收入（请填附表三）	
	4	补贴收入	
	5	其他收入（请填附表一）	
	6	收入总额合计（1+2+3+4+5）	
扣除项目	7	销售（营业）成本（请填附表二）	
	8	主营业务税金及附加（请填附表二）	
	9	附加期间费用（请填附表二）	
	10	投资转让成本（请填附表三）	
	11	其他扣除项目（请填附表二）	
	12	扣除项目合计（7+8+9+10+11）	
应纳税所得额的计算	13	纳税调整前所得（6-12）	
	14	加：纳税调整增加额（请填附表四）	
	15	减：纳税调整减少额（请填附表五）	
	16	纳税调整后所得（13+14－15）	
	17	减：弥补以前年度亏损（请填附表六）（17≤16）	
	18	减：免税所得（请填附表七）（18≤16-17）	
	19	加：应补税投资收益已缴所得税额	
	20	减：允许扣除的公益救济性捐赠额（请填附表八）	
	21	减：加计扣除额（请填附表九）(21≤16-17-18+19-20)	
	22	应纳税所得额（16－17－18+19－20－21）	
应纳所得税额的计算	23	适用税率	
	24	境内所得应纳所得税额（22×23）	
	25	减：境内投资所得抵免税额	
	26	加：境外所得应纳所得税额(请填附表十)	
	27	减：境外所得抵免税额(请填附表十)	
	28	境内、外所得应纳所得税额（24－25＋26－27）	
	29	减：减免所得税额（请填附表七）	
	30	实际应纳所得税额（28−29）	
	31	汇总纳税成员企业就地预缴比例	
	32	汇总纳税成员企业就地应预缴的所得税额（30×31）	
	33	减：本期累计实际已预缴的所得税额	
	34	本期应补（退）的所得税额	
	35	附：上年应缴未缴本年入库所得税额	

纳税人声明：此纳税申报表是根据《中华人民共和国企业所得税暂行条例》及其实施细则和国家有关税收规定填报的，是真实的、完整的。

法定代表人（签字）：　　　　　　　　年　　月　　日

纳税人公章：	代理申报中介机构公章：	主管税务机关受理专用章：
经办人：	经办人执业证件号码：	受理人：
申报日期：　　年　月　日	代理申报日期：　年　月　日	受理日期：　年　月　日

118.1/1

利润分配计算表

单位名称：　　　　　　　　　　年　　月　　日　　　　　　　　金额单位：元

净利润			可供分配的利润	
分配项目	分配率	年应分配额	已分配额	应补分配额
提取法定盈余公积				
提取任意盈余公积				
应付利润				
合计				

会计主管：　　　　　　　　复核:　　　　　　　　制表:

119.1/1

本年利润及利润分配有关明细账户转销

单位名称：　　　　　　　　　　年　　月　　日　　　　　　　　金额单位：元

总账账户	明细账户	余额	
		借方	贷方
本年利润			
利润分配	未分配利润		
	应付利润		
	提取法定盈余公积		
	提取任意盈余公积		
合计			

会计主管：　　　　　　　　复核:　　　　　　　　制表:

附录A

商品流通企业会计实训报告

实训项目：________________________________

班级：________________ 学号：______________ 姓名：________________

自评成绩：__________ 小组互评成绩：________ 师评成绩：__________

日期：________________

一、实训目的与要求：

二、实训设备与材料：

三、实训内容简述（实训原理、操作步骤、原始记录和结果等）：

四、实训体会（分析自己的实训结果、针对发现的问题提出解决方案；针对实训内容提出良好的建议；制订自己下一步的专业学习计划等）：

附录B

综合实训参考答案

1. 借：库存商品——服装组 114 000
　　应交税费——应交增值税（进项税额）15 300
　贷：银行存款 105 300
　　　商品进销差价——服装组 24 000
2. 借：在途物资——深圳美佳食品厂 9 250
　　应交税费——应交增值税（进项税额）1 607.50
　　销售费用——运输费 315
　贷：银行存款 11 172.50
3. 借：库存商品——饼干类（夹心饼干）9 440
　　　　　　——饼干类（曲奇饼干）3 952
　　应交税费——应交增值税（进项税额）2 276.64
　贷：银行存款 15 668.64
4. 借：库存商品——服装组 88 400
　　应交税费——应交增值税（进项税额）12 206
　贷：应付票据 84 006
　　　商品进销差价——服装组 16 600
5. 借：其他应收款 2 000
　贷：银行存款 2 000
6. 出口销售免税
　借：应收账款——新加坡新顺公司（US $ 64 000　@6.42）4 108 800
　　贷：主营业务收入 410 880
　　　出口退税：13%
　借：应交税费——应交增值税（出口抵减内销商品应纳税额）53 414.40
　　贷：应交税费——应交增值税（出口退税）53 414.40
　　　出口不予免征和抵减部分（17%－13%）
　借：主营业务成本 657.41
　　贷：应交税费——应交增值税（进项税额转出）657.41
7. 借：在途物资——上海蓝天公司 2 736
　　应交税费——应交增值税（进项税额）465.12
　贷：应付账款——上海蓝天公司 3 201.12
8.（1）借：库存商品——食品组 11 386
　　　　贷：在途物资——深圳美佳食品厂 8 700
　　　　　　商品进销差价——食品组 2 686
　（2）借：待处理财产损溢 550
　　　　贷：在途物资——深圳美佳食品厂 550

9. 借：在途物资——中山兴旺食品公司 23 700
应交税费——应交增值税（进项税额）4 029
贷：银行存款 27 729
10. 借：库存商品——水产类 1 800
应交税费——应交增值税（进项税额）306
贷：银行存款 2 106
11. 借：其他货币资金 19 000
贷：银行存款 19 000
12. (1) 借：库存商品——饼干类（夹心饼干）16 800
待处理财产损溢 1 200
贷：在途物资——中山兴旺食品公司 18 000
(2) 借：库存商品——饼干类（曲奇饼干）6 175
贷：在途物资——中山兴旺食品公司 5 700
待处理财产损溢 475
13. 借：库存商品——食品组 3 840
贷：在途物资——上海蓝天公司 2 736
商品进销差价——食品组 1 104
14. 借：在途物资——中山兴旺食品公司 11 500
应交税费——应交增值税（进项税额）1 975
销售费用——运输费 180
贷：其他货币资金 13 655
15. 借：银行存款 39 429
贷：主营业务收入——饼干类 33 700
应交税费——应交增值税（销项税额）5 729
16. 借：预付账款——中山兴旺食品公司 10 000
贷：银行存款 10 000
17. 借：银行存款 5 345
贷：其他货币资金 5 345
18. 借：销售费用——广告费 20 000
贷：银行存款 20 000
19. 借：受托代销商品 10 500
贷：代销商品款 10 500
20. 借：应交税费——应交所得税 17 174.70
——未交增值税 42 047
——应交营业税 1 800
——应交城市维护建设税 3 069.29
——应交教育费附加 1 315.41
贷：银行存款 65 406.40
21. 借：库存商品——服装组 30 400
贷：库存商品——服装类（男西装）23 184
商品进销差价——服装组 7 216
22. 借：管理费用 1 720
库存现金 280
贷：其他应收款 2 000

23. 借：库存商品——饼干类（夹心饼干）12 000
应交税费——应交增值税（进项税额）2 055
销售费用——运输费 135
贷：银行存款 4 190
预付账款——中山兴旺食品公司 10 000

24. 借：应付账款——大新商场 22 206. 60
贷：主营业务收入——饼干类 18 980
应交税费——应交增值税（销项税额）3 226. 60

25.（1）借：银行存款 401 763. 27
财务费用 296. 73
贷：主营业务收入——食品组 12 560
——服装组 287 500
——首饰组 102 000
（2）借：主营业务成本——食品组 12 560
——服装组 287 500
——首饰组 102 000
贷：库存商品——食品组 12 560
——服装组 287 500
——首饰组 102 000

26. 借：在途物资——中山丰达制衣公司 217 500
应交税费——应交增值税（进项税额）36 975
贷：应付票据 254 475

27. 借：在途物资——上海蓝天公司 390 000
应交税费——应交增值税（进项税额）66 340
销售费用——运输费 425
贷：应付账款——上海蓝天公司 456 765

28. 借：库存商品——服装类（男西装）290 000
——服装类（女时装）99 000
待处理财产损溢 1 000
贷：在途物资——上海蓝天公司 390 000

29. 借：发出商品 14 375
贷：库存商品——饼干类（夹心饼干）120 00
饼干类（曲奇饼干）2 375

30. 借：应收账款——衡阳市万联商场 432 198
贷：主营业务收入——服装类 369 400
应交税费——应交增值税（销项税额）62 798

31. 借：库存商品——服装组 268 000
贷：在途物资——中山丰达制衣公司 217 500
商品进销差价——服装组 50 500

32.（1）借：库存现金 140 000
贷：银行存款 140 000
（2）借：库存商品——水果类 120 060
应交税费——应交增值税（进项税额）17 940
贷：库存现金 138 000

33. 借：库存商品——首饰组 85 000
　　应交税费——应交增值税（进项税额）11 900
　贷：银行存款 81 900
　　商品进销差价——首饰组 15 000
34. 借：银行存款　432 198
　贷：应收账款——衡阳市万联商场 432 198
35. （1）借：其他应收款——运输部门 702
　　　库存商品——饼干类（夹心饼干）600
　　贷：待处理财产损溢 1 200
　　　应交税费——应交增值税（进项税额转出）102
（2）借：待处理财产损溢 475
　　　应交税费——应交增值税（进项税额）80.75
　　贷：应付账款——中山兴旺食品公司 555.75
36. （1）借：库存现金 2 470
　　贷：银行存款 2 470
（2）借：销售费用——展销费 2 470
　　贷：库存现金 2 470
37. 借：应付职工薪酬 34 870
　　管理费用 161
　　销售费用——津贴 1 679
　贷：银行存款 28 204.05
　　其他应付款 8 305.20
　　应交税费——个人所得税 200.75
38. 借：库存商品——饼干类（夹心饼干）3 540
　　应交税费——应交增值税（进项税额）616.80
　　销售费用——运输费 135
　贷：银行存款 4 291.80
39. （1）借：应收账款——衡阳市万联商场 10 764
　　贷：主营业务收入——饼干类 9 200
　　　应交税费——应交增值税（销项税额）1 564
（2）借：主营业务成本——饼干类 7 187.50
　　贷：发出商品 7 187.50
40. （1）借：库存现金 5 800
　　贷：主营业务收入——水产部 3 000
　　　　　　　　——水果部 2 800
（2）借：银行存款 5 800
　　贷：库存现金 5 800
（3）借：主营业务成本——水产部 2 000
　　贷：库存商品——水果部 2 000
（4）借：主营业务收入——水产部 510
　　　　　　　　——水果部 476
　　贷：应交税费——应交增值税（销项税额）986
41. 借：库存商品——饼干类（夹心饼干）11 800
　　　　　——饼干类（曲奇饼干）7 680

应交税费——应交增值税（进项税额）3 311.60
贷：应付账款——徐记饼干厂 22 791.60

42. 借：应付账款——衡阳市万联商场 44 553.60
贷：主营业务收入——服装类 38 080
应交税费——应交增值税（销项税额）6 473.60

43. 借：银行存款 9 067.50
贷：主营业务收入——饼干类 7 750
应交税费——应交增值税（销项税额）1 317.50

44. 借：应收账款——深圳美佳食品厂 643.50
应交税费——应交增值税（进项税额）93.50
贷：待处理财产损溢 550

45. 借：库存商品——服装类（女时装）1 000
贷：待处理财产损溢 1 000

46. 借：管理费用 2 956.50
销售费用——养老保险金 6 023.25
——医疗保险金 3 212.40
——失业保险金 535.40
贷：应付职工薪酬 12 727.55

47. 借：管理费用 567
销售费用——住房公积金 1 873.90
贷：应付职工薪酬 2 440.90

48. 借：管理费用 283.50
销售费用——工会经费 535.40
——职工教育经费 401.55
贷：应付职工薪酬 1 220.45

49. 借：银行存款 262 504.01
财务费用 2 383.99
贷：主营业务收入——服装类 226 400
应交税费——应交增值税（销项税额）38 488

50. (1) 借：银行存款 256 831.36
待处理财产损溢 50
财务费用 548.64
贷：主营业务收入——食品组 24 190
——服装组 190 740
——首饰组 42 500

(2) 借：主营业务成本——食品组 24 190
——服装组 190 740
——首饰组 42 500
贷：库存商品——食品组 24 190
——服装组 190 740
——首饰组 42 500

51. 借：银行存款 292.50
贷：主营业务收入——饼干类 250
应交税费——应交增值税（销项税额）42.50

52. 借：其他应付款 139.20
    应付职工薪酬 697.40
  贷：银行存款 836.60
53. 借：其他应付款 3 330.90
    应付职工薪酬 2 440.90
  贷：银行存款 5 771.80
54. 借：委托加工物资 105 000
  贷：库存商品——服装类（女时装）105 000
55. 借：银行存款 264 888
  贷：主营业务收入——服装类 226 400
    应交税费——应交增值税（销项税额）38 488
56. 借：在途物资——深圳美佳食品厂 16 800
    应交税费——应交增值税（进项税额）2 856
  贷：银行存款 19 656
57. 借：库存商品——食品组 23 440
    应交税费——应交增值税（进项税额）3 027
    销售费用——运输费 315
  贷：银行存款 20 942
    商品进销差价——食品组 5 840
58. 借：其他应付款 4 835.10
    应付职工薪酬 12 727.55
  贷：银行存款 17 562.65
59. 借：长期股权投资 100 000
  贷：银行存款 100 000
60. 借：预付账款——待摊费用 12 000
  贷：银行存款 12 000
61. 借：短期借款 120 000
  贷：银行存款 120 000
62. （1）借：库存现金 1 500
    贷：银行存款 1 500
  （2）借：其他应收款 1 500
    贷：库存现金 1 500
63. 借：其他应收款 50
  贷：待处理财产损溢 50
64. 借：库存商品——饼干类（夹心饼干）12 000
  贷：在途物资——深圳美佳食品厂 12 000
65. 借：委托代销商品 120 000
  贷：库存商品——服装类（男西装）120 000
66. 借：管理费用 4 050
    应交税费——应交增值税（进项税额）688.50
  贷：银行存款 4 738.50
67. 借：周转材料 1 360
    销售费用——运输费 144
    应交税费——应交增值税（进项税额）247.20
  贷：银行存款 1 751.20

68. 借：管理费用 680
　　贷：周转材料 680
69. 借：库存商品——饼干类（曲奇饼干）4 800
　　　应交税费——应交增值税（进项税额）816
　　贷：应付账款——深圳美佳食品厂 5 616
70. 借：管理费用 1 447
　　贷：银行存款 1 447
71. 借：应付利息 8 893
　　　财务费用 4 446. 50
　　贷：银行存款 13 339. 50
72. 借：应收税费——应交所得税 16 250
　　贷：银行存款 16 250
73. 借：银行存款 728
　　贷：财务费用 728
74. 借：库存商品——服装组 228 000
　　贷：应付账款——暂估应付款 183 000
　　　　商品进销差价——服装组 45 000
75. 借：银行存款 22 016. 80
　　　财务费用 189. 80
　　贷：应收账款——大新商场 22 206. 60
76. 借：委托加工物资 5 000
　　　应交税费——应交增值税（进项税额）850
　　贷：银行存款 5 850
77. 借：原材料 50
　　　管理费用 250
　　贷：周转材料 300
78. 借：银行存款 150 000
　　贷：短期借款 150 000
79. 借：资产减值损失 2 860
　　贷：存货跌价准备 2 860
80.（1）借：库存现金 180
　　　　贷：银行存款 180
　（2）借：管理费用 180
　　　　贷：库存现金 180
81. 借：固定资产清理 14 400
　　　累计折旧 75 200
　　贷：固定资产 89 600
82.（1）借：银行存款 6 700
　　　　贷：主营业务收入——水产部 3 300
　　　　　　　　　　　——水果部 3 400
　（2）借：主营业务成本——水果部 2 500
　　　　贷：库存商品——水果部 2 500
　（3）借：主营业务收入——水产部 479. 49
　　　　　　　　　　　——水果部 494. 02
　　　　贷：应交税费——应交增值税（销项税额）973. 51

83.（1）借：商品进销差价——食品组 800
应交税费——应交增值税（进项税额）136
贷：应收账款——东莞大华食品厂 936
（2）借：商品进销差价——食品组 400
应交税费——应交增值税（进项税额）68
贷：应收账款——东莞大华食品厂 468
84.（1）借：银行存款 185 740.19
财务费用 266.31
贷：主营业务收入——食品组 13 952.50
——服装组 112 544
——首饰组 59 500
待处理财产损溢 10
（2）借：主营业务成本——食品组 13 952.50
——服装组 112 544
——首饰组 59 500
贷：库存商品——食品组 13 952.50
——服装组 112 544
——首饰组 59 500
（3）借：待处理财产损溢 10
贷：营业外收入 10
85.（1）借：待处理财产损溢 184.40
商品进销差价——食品组 45.60
贷：库存商品——食品组 230
（2）借：待处理财产损溢 66.59
商品进销差价——服装组 20.61
贷：库存商品——服装组 87.20
86.（1）借：库存现金 2 130.25
贷：银行存款 2 130.25
（2）借：应付职工薪酬 1 130.25
管理费用 1 000
贷：库存现金 2 130.25
87. 借：其他应付款 10 000
贷：银行存款 10 000
88. 借：管理费用 1 110.20
销售费用 1 795.90
贷：原材料 2 906.10
89. 借：坏账准备 15 000
贷：应收账款——天华商场 15 000
90. 借：管理费用 8 100
销售费用 26 770
贷：应付职工薪酬 34 870
91.（1）借：银行存款 13 000
贷：主营业务收入——服装组 13 000
（2）借：主营业务成本——服装组 10 500
贷：受托代销商品 10 500

（3）借：代销商品款 10 500
应交税费——应交增值税（进项税额）1 785
贷：银行存款 12 285

92.（1）借：固定资产清理 14 400
累计折旧 75 200
贷：固定资产 89 600
（2）借：固定资产清理 1 680
贷：银行存款 1 680
（3）借：银行存款 7 600
贷：固定资产清理 7 600
（4）借：营业外支出 8 480
贷：固定资产清理 8 480

93.（1）借：其他应收款 215.75
贷：待处理财产损溢 184.40
应交税费——应交增值税（进项税额转出）31.35
（2）借：营业外支出 66.59
贷：待处理财产损溢 66.59

94. 借：管理费用 4 320
贷：预付账款——待摊费用 4 320

95. 借：库存商品——服装类（女时装）110 000
贷：委托加工物资 110 000

96. 借：管理费用 2 680.60
贷：银行存款 2 680.60

97. 借：商品进销差价——食品组 50.70
贷：库存商品——食品组 50.70

98. 借：在途物资——隆鑫水产公司 18 000
应交税费——应交增值税（进项税额）3 060
贷：银行存款 21 060

99. 借：持有至到期投资——应计利息 15 600
贷：投资收益 15 600

100. 借：其他业务支出 762.61
管理费用 1 477.33
销售费用——营业设备 6 916.50
贷：累计折旧 9 156.44

101.（1）借：商品进销差价——服装组 1 700
贷：库存商品——服装组 1 700
（2）借：库存商品——服装组 462
贷：商品进销差价——服装组 462

102. 借：管理费用 157
贷：银行存款 157

103. 借：银行存款 2 000
贷：营业外收入 2 000

104.（1）借：应收账款——中山恒宇商场 125 658
贷：主营业务收入——服装组 107 400
应交税费——应交增值税（销项税额）18 258

（2）借：主营业务成本——服装组 90 000
　　贷：委托代销商品 90 000
（3）借：销售费用——手续费 10 740
　　贷：应收账款——中山恒宇商场 10 740

105. 借：银行存款 20 800
　　贷：投资收益 20 800

106. 借：应收账款——新顺公司（6.45－6.42）×64 000＝1 920
　　贷：财务费用 1 920

107. 借：主营业务成本——水产部 5 280
　　　　——饼干类 14 377.50
　　　　——服装类 219 831.94
　　贷：库存商品——饼干类（夹心饼干）12 840
　　　　——饼干类（曲奇饼干）1 537.50
　　　　——服装类（女时装）103 880
　　　　——服装类（男西装）115 951.94
　　　　——水产类 5 280

108. 借：商品进销差价——食品组 9 630
　　　　——服装组 143 336.61
　　　　——首饰组 15 000
　　贷：主营业务成本——食品组 9 630
　　　　——服装组 143 336.61
　　　　——首饰组 15 000

109. 借：主营业务收入——食品组 7 434.87
　　　　——服装组 82 196.31
　　　　——首饰组 29 641.03
　　贷：应交税费——应交增值税（销项税额）119 272.21

110. 借：管理费用 3 350
　　贷：累计摊销 3 350

111. 借：资产减值损失 75
　　贷：坏账准备 75

112. 借：资产减值损失 17 480
　　贷：固定资产减值准备 17 480

113. 借：管理费用 1 658 376
　　贷：应交税费——应交房产税 16 133.76
　　　　——应交车船使用税 450

114. 借：应交税费——应交增值税（转出未交增值税）160 432.23
　　贷：应交税费——未交增值税 160 432.23

115. 借：营业税金及附加 16 163.23
　　贷：应交税费——应交城市维护建设税 11 314.26
　　　　——应交教育费附加 4 848.97

116—119 略